Langues pour tous
Collection dirigée par
Jean-Pierre Berman, Michel Marcheteau et Michel Savio

Le grec moderne
tout de suite !

par

Constant

D1353039

●● 1 version sonore (non vendue séparément)
est disponible en coffret (1 livre + 1 K7)

POCKET

Sommaire

Partie A

Sommaire

Partie B

CONSEILS D'UTILISATION

Présentation

Cet ouvrage ne nécessite aucune connaissance grammaticale préalable. Il est destiné à tous ceux qui, pour une raison ou pour une autre, n'ont pas le temps de se consacrer à un apprentissage systématique du grec. Il est donc conçu pour les aider à exprimer un certain nombre de messages simples et pratiques. Pour ce faire, votre manuel part de formules et d'expressions en français dont il vous fournit l'équivalent en grec. Ainsi, dès la première leçon, vous serez TOUT DE SUITE opérationnel.

Le grec tout de suite comprend deux parties:

Partie A ●●

- 20 unités de 4 pages, construites autour de formules de grande fréquence: *j'ai, je veux, combien ?, comment ?* suivies d'une liste de mots ou d'expressions les plus concrètes possible. Des explications et remarques viennent s'y ajouter, renforcées par des exercices avec correction instantanée.

Partie B

- 20 unités de 2 pages présentant le vocabulaire par centres d'intérêt (nourriture, hôtel, transport, santé, etc.) accompagné d'exercices avec correction instantanée utilisant les formules et structures proposées dans la partie A.

⇨ Chaque partie comporte des informations culturelles et pratiques.

En fin de volume :

- Un lexique bilingue (Français/Grec - Grec/Français)
- Un mémento avec tableaux de conjugaisons.

Conseils d'utilisation

Partie A ●●

Vous pouvez soit l'étudier systématiquement pour vous initier aux structures les plus courantes du grec, soit, en cas d'urgence, recourir directement à la structure dont vous avez besoin; par exemple, A12: *Je veux...* et la mettre *tout de suite* en application.

Partie B

Vous pouvez soit étudier systématiquement les différents secteurs de vocabulaire qui vous sont proposés, soit choisir celui dont vous aurez besoin TOUT DE SUITE.

L'ALPHABET GREC

Lettre grecque	Transcription phonétique	Appelation française
α	[a]	alpha
β	[v]	bêta
γ	[gh] [y]	gamma
δ	[dh]	delta
ε	[è]	epsilon
ζ	[z]	zêta
η	[i]	êta
θ	[th]	thèta
ι	[i]	iota
κ	[k]	kappa
λ	[l]	lambda
μ	[m]	mi
ν	[n]	ni
ξ	[x]	ksi
ο	[o]	omicron
π	[p]	pi
ρ	[r]	ro
σ	[s]	sigma
τ	[t]	taf
υ	[i]	upsilon
φ	[f]	phi
χ	[kh]	khii
ψ	[ps]	psi
ω	[o]	oméga

Enregistrement

Une cassette d'environ une heure vous permet de vous familiariser avec la prononciation du grec en écoutant et en répétant les modèles de phrases de la partie A

© Pocket-Langues pour tous, 1997
ISBN 2-266-07342-7

Je suis

1. français(e).
2. étranger(e).
3. grand(e).
4. petit(e).
5. jeune.
6. vieux/vieille (âgé, âgée).
7. prêt(e).
8. joyeux(se).
9. pressé(e).
10. fatigué(e).
11. en forme (je suis bien).
12. en colère (coléreux, coléreuse).
13. en vacances.

il/elle est

14. étudiant(e).
15. instituteur/institutrice.
16. enseignant(e).
17. employé(e).
18. fonctionnaire.

Prononciation
γ devant α, a se prononce [gh] comme avec un h aspiré
γ devant η, i se prononce [y] comme dans le mot yaourt
δ se prononce [dh] comme si on zozotait
ξ se prononce [x]
σ se prononce [z] devant la consonne μ
χ se prononce [kh] avec un h prolongé
φ se prononce comme un [f]
β se prononce comme un [v]

imè   Είμαι

1. **gha**los, **gha**lidha   γάλλος, γαλλίδα.
2. **xè**nos, **xè**ni   ξένος, ξένη.
3. mè**gha**los, mè**gha**li   μεγάλος, μεγάλη.
4. mi**kros**, mi**kri**   μικρός, μικρή.
5. **nè**os, **nè**a   νέος, νέα.
6. ilikio**mè**nos, ilikio**mè**ni   ηλικιωμένος, ηλικιωμένη.
7. **è**timos, **è**timi   έτοιμος, έτοιμη.
8. kha**rou**mènos, kha**rou**mèni   χαρούμενος, χαρούμενη.
9. vyasti**kos**, vyasti**ki**   βιαστικός, βιαστική.
10. koura**zmè**nos, koura**zmè**ni   κουρασμένος, κουρασμένη
11. ka**la**   καλά !
12. thimo**mè**nos, thimo**mè**ni   θυμωμένος, θυμωμένη.
13. dhyako**pès**   διακοπές.

inè   Είναι

14. fiti**tis**/fiti**tria**   φοιτητής, φοιτήτρια.
15. **dha**skalos/**dha**skala   δάσκαλος, δασκάλα.
16. kathiyi**tis**/kathiyi**tria**   καθηγητής, καθηγήτρια.
17. i**pa**lilos   υπάλληλος.
18. dhi**mo**sios i**pa**lilos   δημόσιος υπάλληλος.

ε se prononce [è]
ι se prononce [y] devant la voyelle α
ι, η, υ, οι se prononcent [i]
ο, ω se prononcent [o]
ου se prononce [ou]

il existe deux s en grec: σ à l'intérieur d'un mot et ς à la fin
d'un mot

▪ **Le pronom personnel** sujet est indiqué par la terminaison du verbe. Il ne s'écrit pas et il ne se dit pas.
Ainsi la terminaison -μαι, -mè indique bien la 1e personne du singulier du verbe είμαι, **i**mè, *je suis*.

Le verbe είμαι, **i**mè, *je suis* au présent

εί-μαι	**i**-mè	*je suis*
εί-σαι	**i**sè	*tu es*
εί-ναι	**i**-nè	*il/elle est*
εί-μαστε	**i**-mastè	*nous sommes*
εί-στε	**i**-stè	*vous êtes*
εί-ναι	**i**-nè	*ils/elles sont*

▪ **Les terminaison**s -ος, os et -ης, is indiquent des noms et des adjectifs masculins:
    είμαι καθηγητής, **i**mè kathiyi**tis**, *je suis professeur*.
La terminaison -η, -ιδα désignent des noms et des adjectifs féminins:
    είναι γαλλίδα, **i**nè ghali**dha**, *elle est française*

▪ A la troisième personne du singulier et du pluriel du verbe είμαι on emploie la même forme είναι.
    είναι ξένος, **i**nè **xè**nos, *il est étranger*.
    είναι ξένοι, **i**nè **xè**ni, *ils sont étrangers*.

▪ La terminaison -ος, -os indique en général le genre masculin, celle en -η, -i et parfois en -α, -a le genre féminin.
    γάλλος, **ghal**os, *français*
    δασκάλα, dha**ska**la, *l'institutrice*
● Certains métiers féminins sont désignés par le genre masculin:
    είναι γαλλίδα υπάλληλος, **i**nè ghali**dha** i**pa**lilos,
    c'est une employée française.

A Que veut dire en français ?

1. Είμαι φοιτητής.   imè fititis.
2. Είσαι νέα.   isè nèa.
3. Είστε γαλλίδα.   istè ghalidha.
4. Είμαστε καλά.   imastè kala.

B Comment dire en grec ?

1. Je suis étudiante.   *3. Elle est joyeuse.*
2. Vous êtes en colère.   *4. Je suis employée.*

SOLUTIONS

A   *1. Je suis étudiant.*   *3. Vous êtes française.*
     2. Tu es jeune.   *4. Nous sommes en forme.*

B   1. Είμαι φοιτήτρια.   imè fititria
     2. Είστε θυμωμένος.   inè kharoumèni.
     3. Είναι χαρούμενη.   istè thimomènos.
     4. Είμαι υπάλληλος.   imè ipalilos.

La géographie de la Grèce...
Membre de l'Union Européenne depuis 1981, *la Grèce*, η Ελλάδα, (i **èla**dha), est le passage obligé entre *l'Orient*, η Ανατολη (i ana**to**li) et *l'Occident*, η Δύση, (i **dhi**si). Située à l'extrémité des *Balkans*, τα Βαλκάνια (ta val**ka**nia) et baignée à l'ouest par *la mer Ionienne*, το Ιόνιο Πέλαγος (to **io**nio **pè**laghos), à l'est par la *mer Egée*, το Αιγαίο Πέλαγος, (to **èyè**o **pè**laghos) et au sud par la *Mer Méditerranée*, η Μεσόγειος, (i **mè**soghios), la Grèce surprend par le découpage de ses rivages (15020 km des côtes) et le nombre impressionnant de ses îles, το νησί (to ni**si**): 427 dont 134 seulement sont habitées...

J'ai

1. un cadeau.
2. un journal.
3. une lettre.
4. raison.

Nous avons

5. deux enfants.
6. une maison.
7. une chambre.
8. un sac.

Tu as

9. le temps !
10. ton livre !
11. une chaise.
12. la facture.
13. les billets.

Avez-vous

14. un passeport ?
15. la monnaie ?
16. un crayon ?
17. les papiers ?
18. les clés ?

εı se prononce [i]
ψ se prononce [ps]

èkho `Ἔχω

1. èna **dho**ro.
2. **mia** èfimè**ri**dha.
3. èna **ghra**ma.
4. **dhi**kio.

ένα δώρο.
μία εφημερίδα.
ένα γράμμα.
δίκηο.

èkhoumè `Ἔχουμε

5. **dhi**o pè**zya**.
6. èna **spi**ti.
7. èna **dho**matio.
8. **mia tsa**nda.

δύο παιδιά.
ένα σπίτι.
ένα δωμάτιο.
μία τσάντα.

èkhis `Ἔχει

9. **khro**no !
10. to vi**vli**o sou !
11. mia ka**rè**kla.
12. tin a**po**dhixi.
13. ta isi**ti**ria.

χρόνο !
το βιβλίο σου !
μία καρέκλα.
την απόδειξη.
τα εισιτήρια.

èkhète `Ἔχετε;

14. dhyava**ti**rio ?
15. psi**la** ?
16. èna mo**li**vi ?
17. ta khar**tia** ?
18. ta kli**dhya** ?

διαβατήριο;
ψιλά;
ένα μολύβι;.
τα χαρτιά;
τα κλειδιά;

τς se prononce [ts]
ντ se prononce [nd]

■ **L'infinitif** d'un verbe est indiqué par le présent, à la première personne du singulier.

Le verbe έχω, *j'ai*

έχω	**è**kho	*j'ai*
έχεις	**è**khis	*tu as*
έχει	**è**khi	*il/elle a*
έχουμε	**è**khoume	*nous avons*
έχετε	**è**khètè	*vous avez*
έχουν	**è**khoun	*ils/elles ont*

■ Il existe, en grec un troisième genre, le neutre désignant les objets, les lieux, les moyens de transports, les petits des animaux...C'est le cas de:

το εισιτήριο, to isi**ti**rio, *le ticket*
το δώρο, to **dho**ro, *le cadeau*
το γράμμα, to **ghra**ma, *la lettre*

● L'article indéfini *un* correspond à deux genres:
→ le masculin: ένας, **è**nas, *un*
ένας χρόνος, **è**nas **khro**nos, *un an*
→ le neutre: ένα, **è**na, *un*
ένα βιβλίο, **è**na vi**vli**o, *un livre*

● μία-**mi**a, *une* s'écrit et se dit aussi -μία, **mi**a

■ Le pluriel de l'article défini το, to, *le* èst τα, ta, *les*

■ Pour former le pluriel d'un neutre soit on ajoute la lettre -α, -a à la dernière syllabe du singulier soit on transforme la voyelle de la dernière syllabe en -α, -a

το παιδί, to pè**dhi**, *l'enfant* devient τα παιδιά, ta pè**dhya**
mais το διαβατήριο, to dhyava**ti**rio, *le passe-port*
devient τα διαβατήρια, ta dhyava**ti**ria, *les passeports*.

A Que veut dire en français ?

1. Έχετε χρόνο !	èkhètè **khro**no !
2. Έχεις χαρτιά;	èkhis khar**tia** ?
3. Έχουμε το βιβλίο σου!	èkhoumè to vi**vli**o sou.
4. Έχει ψιλά.	èkhi psi**la**.

B Comment dire en grec ?

1. J'ai les clés !	3. J'ai un enfant.
2. Avez-vous une chambre ?	4. Ils ont ta lettre !

SOLUTIONS

A
1. Vous avez le temps !	3 Nous avons ton livre !
2. Tu as des papiers ?	4. Il a de la monnaie.

B
1. Έχω τα κλειδιά !	èkho ta kli**dhy**a.
2. Έχετε ένα δωμάτιο;	èkhètè **è**na dho**ma**tio ?
3. Έχω ένα παιδί.	èkho **è**na pè**dhi**.
4. Έχουν το γράμμα σου!	èkhoun to **ghra**ma sou !

Les îles grecques

En Mer Egée, on trouve *les Cyclades*, οι Κυκλάδες (i ki**klad**-hès), les grandes îles proches de la côte de l'Asie Mineure, *le Dodécanèse*, τα Δωδεκάνησα (ta dhodhè**ka**nisa), *les Sporades*; οι Σποράδες (i spo**rad**hès), à l'extrême sud de la Méditerranée, *la Crète*, η Κρήτη (i **kri**ti), et dans la mer Ionienne, *les Sept Iles*, τα Επτάνησα (ta è**pta**nisa).

A3 | Il y a-il n'y a pas-est-ce qu'il y a ?

Il y a

1. du monde.
2. du trafic.
3. du bruit.
4. du soleil.
5. du vent.
6. de l'ombre.
7. une fête !
8. une grève !

Il n'y a pas

9. de journaux français.
10. de transports.
11. de chambres libres.

Est-ce qu'il y a ?

12. une pharmacie ouverte ?

13. un bon restaurant ?
14. un bateau ?
15. une agence de voyages ?
16. une station de taxis ?
17. une banque ?
18. un cabinet medical ?

èkhi

'Εχει

1. **ko**zmo !
2. kiklofo**ri**a !
3. **tho**rivo !
4. **i**lio !
5. a**è**ra !
6. s**ki**a !
7. yor**ti** !
8. apè**ryi**a !

κόσμο.
κυκλοφορία !
θόρυβο !
ήλιο !
αέρα !
σκιά !
γιορτη !
απεργία !

dhèn èkhi

Δεν έχει

9. ghali**kès** èfimè**ri**dhès !
10. singhino**niès** !
11. è**lè**fthèra dho**ma**tia !

γαλλικές εφημερίδες !
συγκοινωνίες !
ελεύθερα δωμάτια !

èkhi ?

'Εχει;

12. ka**nè**na farma**ki**o ani**khto** ?
13. ka**nè**na ka**lo** èstia**to**rio ?
14. ka**nè**na **pli**o ?
15. ka**nè**na prakto**ri**o ?
16. ka**nè**na sta**thmo** ta**xi** ?
17. ka**mi**a tra**pè**za ?
18. ka**nè**na ia**tri**o ?

κανένα φαρμακείο ανοιχτό;
κανένα καλό εστιατόριο;
κανένα πλοίο;
κανένα πρακτορείο;
κανένα σταθμό ταξί;
καμμία τράπεζα;
κανένα ιατρείο;

γιο se prononce comme un yo
γ se prononce [y] devant la voyelle ι
γκ se prononce [ngh]
ευ se prononce [èf] devant θ

■ *Il y a* se traduit par έχει, **è**khi, la troisième personne du singulier du verbe έχω, **è**kho, *j'ai.*

ainsi έχει ελεύθερα δωμάτια ! **è**khi **è**l**è**fthèra dho**ma**tia peut se traduire par *il/elle a de chambres libres* et *il y a de chambres libres.*

■ L'accusatif

Suivant leur place dans la phrase, les noms peuvent être sujet ou complément d'objet. La fonction sujet s'appelle nominatif et la fonction objet accusatif. Toutes les deux forment la déclinaison du nom.

Après έχει, **è**khi, *il y a,* les noms se mettent à l'accusatif

έχει αέρα, **è**khi a**è**ra (accusatif),

il y a du vent ; αέρα étant l'accusatif de αέρας. a**è**ras, le vent.

■ L'interrogation est fonction de l'intonation de la voix et de l'accentuation de mots. Suivant le ton, la même phrase peut signifier une affirmation ou une question.

Έχει εφημερίδες ! **è**khi èfimè**ri**dhès *il y a des journaux !*
(l'accentuation est normale)

Έχει εφημερίδες; **è**khi èfimè**ri**dhès ? *Y a-t-il des journaux ?* (la voix monte à la fin de la phrase)

■ Le point d'interrogation grec s'écrit comme le point-virgule français:

    Έχει ταξί ; **è**khi ta**xi**, *y a-t-il des taxis ?*

■ On obtient la négation d'un verbe en le faisant précéder du mot δεν, dhèn.

    δεν έχει κόσμο, dhèn **è**khi **ko**zmo, *il n'y a pas de monde !*

■ Dans une négation κανένα-καμμία kanèna-kamia signifie *aucun-aucune*; dans une question il signifie *un-une.*
ainsi :

    Δεν έχει καμία τράπεζα ! dhèn **è**khi ka**mi**a **tra**pèza,
    il n'y a aucune banque !

et   Έχει καμία τράπεζα; **è**khi ka**mi**a **tra**pèza ?
    est-ce qu'il y a une banque ?

A Que veut dire en français ?

1. Έχει ένα καλό   èkhi **è**na ka**lo**
εστιατόριο!   èstia**to**rio !
2. Έχει συγκοινωνίες;   **è**khi singhino**niè**s ?
3. Δεν έχει ταξί !   dhèn **è**khi ta**xi** !

B Comment dire en grec ?

1. Il n'y a pas de bateaux !   3. Il y a un cabinet
2. Il n'y a aucune banque !   médical !

SOLUTIONS

A 1. Il y a un bon restaurant !   3. Il n'y a pas de taxis !
2. Est-ce qu'il y a des
transports ?

B 1. Δεν έχει πλοία !   dhèn **è**khi **.pli**a !
2. Δεν έχει καμμία   dhèn **è**khi ka**mia**
τράπεζα !   tra**pè**za !
3. Έχει ένα ιατρείο !   **è**khi **è**na iat**rio** !

De la Grèce antique aux romains...

Qui dit Grèce antique η αρχαία Ελλάδα (i arkhèa èladha)dit sept grandes périodes de civilisation av. J.-C: *l'époque cycladique* (3000-2000) η κυκλαδική (i kikladhi**ki**); *l'époque minoenne* (2000-1500) η μινωική (i minoi**ki**); *l'époque mycénienne* (1500-1000) η μυκηναική (i mikinai**ki**); *l'époque géométrique* (1100-700) η γεωμετρική (i yèomètri**ki**); *l'époque archaïque* (700-500) η αρχαική (i arkhai**ki**); *l'époque classique* (500-300) η κλασσική (i klasi**ki**); *l'époque hellénistique* (300-100) η ελληνιστική (i èlinisti**ki**); en l'an 100 la Grèce devient province romaine; elle le restera jusqu'en 395 ap.J.-C.

Beaucoup-très-trop-assez

Beaucoup/très

1. Il fait très chaud.
2. C'est très cher.
3. Il y a beaucoup de bateaux.
4. Il y a beaucoup de monde.
5. Il y a beaucoup de bruit.

Peu/peu de

6. Il y a un peu de sucre.
7. Il y a un peu d'argent.
8. Il y a un peu de soleil.
9. C'est un peu drôle.
10. C'est un peu sombre.

Trop/trop de

11. Le plat est trop chaud.
12. La mer est trop froide.
13. L'enfant est trop jeune (petit).

14. Il y a trop de vent.

Assez (pas mal)

15. Elle a assez d'argent.
16. Cette année il y pas mal de touristes.

17. Le vin est assez bon.

poli, pola   πολύ, πολλα

1. kani poli zèsti.   Κάνει πολύ ζέστη.
2. inè poli akriva.   Είναι πολύ ακριβά.
3. èkhi pola plia.   Έχει πολλά πλοία.
4. èkhi poli kozmo.   Έχει πολύ κόσμο.
5. èkhi poli thorivo.   Έχει πολύ θόρυβο.

ligho, lighi, ligha   λίγο, λίγη, λίγα

6. èkhi lighi zakhari.   Έχει λίγη ζάχαρη.
7. èkhi ligha lèfta.   Έχει λίγα λεφτά.
8. èkhi ligho ilio.   Έχει λίγο ήλιο.
9. inè ligho astio.   Είναι λίγο αστείο.
10. inè ligho skotino.   Είναι λίγο σκοτεινό.

poli   πολύ

11. to fayito inè poli zèsto.   Το φαγητό είναι πολύ ζεστά
12. i thalasa inè poli kria.   Η θάλασσα είναι πολύ κρύα.
13. to pèdhi inè poli   Το παιδί είναι πολύ
mikro.   μικρό.
14. èkhi poli aèra.   Έχει πολύ αέρα.

arkèta, arkètous   αρκετά, αρκετούς

15. èkhi arkèta khrimata.   Έχει αρκετά χρήματα.
16. phètos èkhi arkètous   Φέτος έχει αρκετούς
touristès.   τουρίστες.
17. to krasi inè arkèta kalo.   Το κρασί είναι αρκετά καλά

ζ se prononce [z]

19

■ Suivant les mots auxquels se réfèrent πολύ, po**li**, *beaucoup* et λίγο, **li**gho, *peu* s'accordent en genre et en nombre:

πολλά πλοία, po**la pli**a, *beaucoup de bateaux*

λίγη ζάχαρη, **li**ghi **za**khari, *peu de sucre*

■ πολύ, po**li** signifie à la fois *beaucoup* et *trop*; c'est le contexte qui fait la différence.

Pour traduire *l' enfant est très jeune* on dira το παιδί είναι πολύ μικρό, to p**è**dhi in**è** po**li** mi**kro**,

Pour traduire *l'enfant est trop jeune pour des vacances* on dira το παιδί είναι πολύ μικρό για διακοπές, to p**è**dhi in**è** po**li** mi**kro** ya dhyako**pès.**

■ En tant qu'adjectif l'adverbe αρκετά s'accorde avec le nom en genre et en nombre:

assez de journaux, ark**ètès** èfim**èri**dhès, αρκετές εφημερίδες

■ Au pluriel les neutres se terminent par la lettre -a.

το φαγητό, to fayi**to**, *le plat*; τα φαγητά, ta fayi**ta**, *les plats*.

■ Le partitif *de, du, de la* n'a pas d'équivalent en grec.

Έχει πολύ αέρα ! **è**khi po**li** a**è**ra, *il y a beaucoup de vent !*

⇨ RAPPEL

Les masculins en -os forment leur accusatif en -o.

ο ήλιος είναι ζεστός, o **i**lios in**è** z**è**s**tos**, *le soleil est chaud* (nominatif)

mais έχει λίγο ήλιο, **è**khi **li**gho **i**lio, il y a peu de soleil (accusatif)

A Que veut dire en français ?

1. Είναι πολύ αστείο !   inè po**li** astio !
2. Είναι λίγο ακριβό !   inè **ligho** akri**vo** !
3. Δεν έχει πολλά   dhèn **è**khi po**la**
   χρήματα !   **khri**mata !

B Comment dire en grec ?

1. Il y a pas mal de monde !   3. Il n'y a pas beaucoup de
2. Le plat n'est pas assez   monde !
   chaud !

SOLUTIONS

A 1. C'est très drôle !   3. Il n'a pas beaucoup
   2. Il est un peu cher !   d'argent !

B 1. Έχει αρκετό κόσμο !   **è**khi arkè**to** ko**z**mo !
   2. Το φαγητό δεν είναι   to fayi**to** dhèn inè
      αρκετά ζεστό !   arkè**ta** zè**sto** !
   3. Δεν έχει πολύ κόσμο!   dhèn **è**khi po**li** ko**z**mo !

De Byzance au XXème siècle...
De 395 ap. J.-C. à 1460 la Grèce fait partie de *l'empire byzan-
tin* η βυζαντινή αυτοκρατορία (i vizandi**ni** aftokrato**ri**a).
Après la chute de *Byzance* το Βυζάντιο (to vi**za**ndio), elle
subit l'occupation turque *η τουρκική κατοχή* (i tourki**ki** kato-
khi) pendant quatre siècles. Ce n'est qu'en 1830 que le pays
retrouve sa souveraineté et est reconnu état indépendant. Il
lui faudra cependant attendre la fin des guerres balkaniques
pour recouvrer *la Macédoine* η Μακεδονία (i makèdho**ni**a) et
l'Epire η Ήπειρος (i **i**piros), et la fin de la première guerre
mondiale pour retrouver *la Thrace* η Θράκη (i **thra**ki) et
Smyrne η Σμύρνη (i **zmi**rni).

Combien ?

1. ça fait ? (ça vaut/ça coûte) ?
2. coûte le billet ?

3. gagnez-vous par mois ?
4. de parts (plats) voulez-vous ?
5. de valises avez-vous ?
6. de tranches de pain veux-tu ?
7. de frères et soeurs avez-vous ?
8. de personnes êtes-vous ?
9. d'argent te faut-il ?
10. A combien sommes-nous de la gare ?

Combien de temps ?

11. dure le voyage ?
12. resterez-vous ?
13. cela prendra-t-il ?
14. vous faudra-t-il ?

A combien...

15. pouvons-nous entrer ?

---

le mot αδέλφια, adhèrfia, frères et soeurs se dit également αδέλφια, adhèlfia.

poso, posa, poses ?   Πόσο, Πόσες, Πόσα;

1. poso kani ?
2. poso kostizi to isitirio ?
3. posa kèrdhizètè to mina?
4. posès mèridhès thèlètè?
5. posès valitsès èkhètè ?
6. posès fètès psomi thèlis?
7. posa adhèrfia èkhètè ?
8. posa atoma istè ?
9. posa khrimata khriazèsè?
10. poso apèkhi o stathmos?

Πόσο κάνει;
Πόσο κοστίζει το εισιτήριο;
Πόσα κερδίζετε το μήνα;
Πόσες μερίδες θέλετε;
Πόσες βαλίτσες έχετε;
Πόσες φέτες ψωμί θέλεις;
Πόσα αδέρφια έχετε;
Πόσα άτομα είστε;
Πόσα χρήματα χρειάζεσαι;
Πόσο απέχει ο σταθμός

poso **khro**no ?   Πόσο χρόνο ;

11. dhyarki to taxidhi ?
12. tha kathistè ?
13. tha kani ?
14. tha khriastitè ?

διαρκεί το ταξίδι;
θα καθίστε;
θα κάνει;
θα χρειαστείτε;

posi ?   Πόσοι;

15. boroumè na boume ?   μπορούμε να μπούμε;

αι se prononce [è]
μπ se prononce [mb]

23

▪ En tant qu'**adjectif** πόσο, **po**so, *combien* s'accorde avec le nom en genre et en nombre:

Πόσες γυναίκες είστε; posès yi**nèk**ès istè ? *combien de femmes êtes-vous ?* (πόσες s'accorde avec γυναίκες)

Πόσα χρήματα; **po**sa **khri**mata ? *combien d'argent ?* (πόσα s'accorde avec χρήματα).

Accord de πόσος, **po**sos, *combien* avec les noms :

πόσος κόσμος (m)	**po**sos **ko**zmos	*combien de monde ?*
πόση ζάχαρη (f)	**po**si **za**khari	*combien de sucre ?*
πόσο κρασί (n)	**po**so kra**si**	*combien de vin ?*
πόσοι τουρίστες	**po**si tou**ris**tès	*combien de touristes ?*
πόσες γυναίκες	**po**sès yi**nèk**ès	*combien de femmes ?*
πόσα παιδιά	**po**sa pè**dhy**a	*combien d' enfants ?*

▪ **θα**, tha suivi du présent d'un verbe exprime le futur. Suivant la durée de l'action exprimée (continue ou momentanée) le futur peut être continu ou momentané.

ainsi pour traduire *combien d'argent te faudra-t-il (à l'avenir) ?* on dira πόσα χρήματα θα χρειάζεσαι; **po**sa **khri**mata tha khria**zè**sè ?

mais *combien d'argent te faudra-t-il pour cette occasion ?* se traduit par πόσα χρήματα θα χρειαστείς; **po**sa **khri**mata tha khria**stis** ?

▪ Certains verbes se conjuguent comme des réfléchis mais ils ont une signification active.

χρειάζομαι, khria**zo**mè, m. à m. *je m'ai besoin...*

▪ L'infinitif est remplacé par le subjonctif.
pouvons-nous entrer se traduit par μπορούμε να μπούμε;
m. à m. pouvons nous que nous entrions ?

A Que veut dire en français ?

1. Πόσα χρήματα θέλετε;   posa **khri**mata **thè**lètè ?
2. Πόσο κάνει το βιβλίο;   poso **ka**ni to vi**vli**o ?
3. Πόσοι είστε;   posi istè ?
4. Πόσα δωμάτια έχετε;   posa dho**ma**tia **è**khètè ?

B Comment dire en grec ?

1. Tu as besoin de combien de temps ?

2. Combien de frères et soeurs êtes-vous ?

3. Combien de sucre ?

SOLUTIONS

A

1. Combien d'argent voulez-vous ?
2. Combien coûte le livre ?
3. Combien êtes-vous ?
4. Combien de chambres avez-vous ?

B

1. Πόσο χρόνο χρειάζεσαι;   poso **khro**no khriazèsè ?
2. Πόσα αδέρφια είστε;   posa a**dhèr**fia istè ?
3. Πόση ζάχαρη;   posi **za**khari ?

La Grande Idée

En 1922, c'est la *Catastrophe* η Καταστροφή (i katastrofi) et à la suite de la défaite de l'armée grecque, un million et demi de réfugiés πρόσφυγες (**pro**sfiyès) grecs en provenance de l'*Asie Mineure* η Μικρά Ασία (i mi**kra** asia) sont contraints à l'éxode vers la Grèce métropolitaine. Cet événements tragiques dont les conséquences subsistent jusqu'à nos jours ont marqué la fin du rêve de la Grande Grèce qu'incarnait *La Grande Idée* η Μεγάλη Ιδέα (i mè**ghal**i i**dhè**a).

Qui ? - Quoi ?

Qui ?

1. est-ce ce monsieur ?
2. est-ce cette dame ?
3. sont-ils ?
4. sont vos amies ?
5. sont vos enfants ?

De quel, de quelle...

6. (homme) parlez-vous ?
7. (femme) parlez-vous ?

A qui

8. (à quel homme) tu as parlé ?
9. (à quel homme) je dois m'adresser ?
10. (à quelle femme) tu as téléphoné ?

Que/ quoi

11. désirez-vous ?
12. faites-vous ?
13. est-ce que tu as ?
14. est-ce que je vous offre ?
15. faisons-nous maintenant ?
16. lui disons-nous ?
17. est-ce qui se passe ?
18. A quoi ça sert ?

pios/pia/pio — Ποιός, ποια, ποιο

1. pios inè o **ki**rios ?   Ποιος είναι ο κύριος;
2. pia **i**nè i ki**ri**a ?   Ποια είναι η κυρία;
3. pii inè ?   Ποιοι είναι;
4. piès inè i **fi**lès sas ?   Ποιες είναι οι φίλες σας;
5. pia inè ta pe**zya** sas ?   Ποια είναι τα παιδιά σας;

ya pion-ya pian — Για ποιον, Για ποιαν

6. ya pion mi**la**tè ?   Για ποιον μιλάτε;
7. ya pian mi**la**tè ?   Για ποιαν μιλάτε;

sè pion, se pian — Σε ποιον, Σε ποιαν

8. **mi**lises ?   Σε ποιον μίλησες;
9. na apè**fthintho** ?   Σε ποιον να απευθυνθώ;
10. sè pian tilè**fo**nisès ?   Σε ποιαν τηλεφώνησες;

ti — Τι

11. è**pithimi**tè ?   επιθυμείτε;
12. **ka**nètè ?   κάνετε;
13. **è**khis ?   έχεις;
14. na sas pro**sfè**ro ?   να σας προσφέρω;
15. **ka**noumè **to**ra ?   κάνουμε τώρα;
16. tou **lè**mè ?   του λέμε;
17. sim**vè**ni ?   συμβαίνει;
18. sè ti khrisi**mè**vi ?   Σέ τι χρησιμεύει;

Rappel
οι, ει, se prononcent [i]

• **Il y a trois articles** définis correspondant aux trois genres (masculin, féminin, neutre):

Singulier			Pluriel		
ο	o	*le*	οι	i	*les* (H)
η	i	*la*	οι	i	*les* (F)
το	to	*le*	τα	ta	*les* (N)

• Pour poser la question qui ? on emploie la formule ποιος pios; pour préciser le genre on emploie ποια pia (f) et ποιο pio (n). Ποιος s'accorde avec le nom en genre et en nombre.

   ποια εφημερίδα; pia èfimèridha ? *quel journal ?*
   ποιος θόρυβος; pios thorivos ? *quel bruit ?*

⇨ RETENEZ

Qui ?

Singulier			Pluriel		
ποιος	pios ?	*qui* (H) ?	ποιοι	pii ?	*qui* (H) ?
ποια	pia ?	*qui* (F) ?	ποιες	piès ?	*qui* (F) ?
ποιο	pio ?	*qui* (N) ?	ποια	pia ?	*qui* (N) ?

A qui ?

Singulier			Pluriel		
σε	sè	*à*	σε	sè	*à*
ποιο(ν);	pio(n) ?	*qui* (H)	ποιους;	pious ?	*qui* (H) ?
ποια(ν);	pia(n) ?	*qui* (F)	ποιες;	piès ?	*qui* (F) ?
ποιο;	pio ?	*qui* (N) ?	ποια;	pia ?	*qui* (N) ?

A Que veut dire en français ?

1. Ποιος είναι;   pios inè ?
2. Ποια είστε;   pia istè ?
3. Τι θέλετε;   ti thèlètè ?
4. Τι έχετε;   ti èkhètè ?

B Comment dire en grec ?

1. *Qu'est-ce qu'elle fait ?*
2. *Qu'est-ce qu'ils ont ?*

3. *Qui est-ce qui fait du bruit ?*
4. *C'est quelle fête ?*

SOLUTIONS

A 1. *Qui est-ce ?*
2. *Qui (femme) êtes-vous ?*

3. *Que voulez-vous ?*
4. *Qu'avez-vous ?*

B 1. Τι κάνει;   ti kani ?
2. Τι έχουν;   ti èkhoun ?
3. Ποιος κάνει θόρυβο;   pios kani thorivo ?
4. Ποια γιορτή είναι;   pia yorti inè ?

La Grèce contemporaine

Après un entre-deux-guerres fortement agité viennent les années noires (1940 à 1944) de l'occupation allemande η γερμανική κατοχή (i yèrmaniki katokhi). De 1944 à 1949, c'est la guerre civile ο εμφύλιος πόλεμος (o èmfilios polèmos) opposant l'armée des résistants communistes aux forces gouvernementales. Les années 50 et 60 seront également celles des turbulences et de l'instabilité politique. D'avril 1967 à 1974 les grecs vivront sous la dictature militaire η στρατιωτική δικτατορία (i stratiotiki dhiktatoria). Depuis le retour à la démocratie η δημοκρατία , l'abolition de la monarchie en 1974, et l'adhésion à l'U.E, la Grèce vit à l'heure européenne.

Quand ?

1. partez-vous en vacances ?
2. terminez-vous le travail ?

A quelle heure ?

3. ouvrez-vous ?
4. part le bateau ?
5. passe le bus ?

Il est...

6. midi.
7. minuit.
8. une heure.
9. deux heures du matin
10. trois heures de l'après midi
11. quatre heures et demie.
12. cinq heures et quart.
13. six heures vingt.
14. sept heures moins dix.
15. huit heures moins vingt.
16. neuf heures du soir.
17. onze heures précises.

potè ? Πότε;

1. fèvyète dyakopès ?   φεύγετε διακοπές;
2. tèlionètè ti dhoulia ?   τελειώνετε τη δουλειά;

ti ora ? Τι ώρα;

3. anighètè ?   ανοίγετε;
4. fèvyi to plio ?   φεύγει το πλοίο;
5. pèrnai to lèoforio ?   περνάει το λεωφορείο;

inè Είναι...

6. mèsimèri.   μεσημέρι.
7. mèsanikhta.   μεσάνυχτα.
8. mia i ora.   μία η ώρα.
9. dhio i ora to proi.   δύο η ώρα το πρωί.
10. tris to apoyèvma   τρεις το απόγευμα.
11. tèsèris kè misi.   τέσσερεις και μισή.
12. pèndè kè tètarto.   πέντε και τέταρτο.
13. èxi kè ikosi.   έξη και είκοσι.
14. èfta para dhèka.   εφτά παρά δέκα.
15. okhto para ikosi.   οχτώ παρά είκοσι.
16. ènèa i ora to vradhi.   εννέα η ώρα το βράδυ.
17. èndèka akrivos.   έντεκα ακριβώς.

ευ se prononce [èv] devant γ, μ

le mot οχτώ okhto, huit dit aussi οκτώ, okto
le mot έντεκα, èndèka, onze se dit aussi ένδεκα, èndhèka
le mot εφτά, èfta, sept se dit aussi επτά, èpta
Dans le mot τελειώνετε tèlionètè les voyelles ει, i et ο, ο
se prononcent ensemble

■ Quand on annonce l'heure, en grec, on ne répète pas le mot heures. *il est deux heures de l'après-midi* se dit
είναι δύο το απόγευμα, in**è dhi**o to a**po**yèvma, m. à m.
est deux l'après-midi.

⇨ **RETENEZ:**
pour *le matin* on dit το πρωί, pro**ï**,
pour *l'après-midi*, το απόγευμα, to a**po**yèvma, et
pour *le soir*, το βράδυ, to **vra**dhi.
A noter également les expressions plus officielles:
π.μ. pour προ μεσημβρίας, pro mèsim**vri**as (*avant midi*) et
μ.μ. pour μετά μεσημβρίας, mè**ta** mèsim**vri**as (*après-midi*)

■ τη δουλειά, ti dhoulia, *le travail*: le n final de ti (article défini féminin à l'accusatif) a disparu car le mot dhoulia commence par la consonne d.

⇨ **RETENEZ AUSSI**

• Les mois de l'année

Ιανουάριος	ia**n**ouarios	*janvier*
Φεβρουάριος	fèvro**ua**rios	*février*
Μάρτιος	**ma**rtios	*mars*
Απρίλιος	ap**ri**lios	*avril*
Μάιος	**ma**ios	*mai*
Ιούνιος	io**u**nios	*juin*
Ιούλιος	io**u**lios	*juillet*
Αύγουστος	**av**ghoustos	*août*
Σεπτέμβριος	sèp**tè**mvrios	*septembre*
Οκτώβριος	ok**to**vrios	*octobre*
Νοέμβριος	no**è**mvrios	*novembre*
Δεκέμβριος	dhè**kè**mvrios	*décembre*

A Que veut dire en français ?

1. Πότε φεύγουν;   potè **fè**vghoun ?
2. Πότε τελειώνεις;   potè **tè**lionis ?
3. Τι ώρα έχετε;   ti **o**ra **è**khètè ?
4. Είναι δύο και δέκα.   inè **dhi**o kè **dhè**ka.

B Comment dire en grec ?

1. A quatre heures de   2. A une heure du matin.
   l'après-midi.

SOLUTIONS

A 1. Quand est-ce qu'ils   3. Vous avez quelle heure ?
      partent ?   4. Il est deux heures dix.
   2. Quand est-ce que tu
      termines ?

B 1. Στις τέσσερεις το   stis **tè**sèris to
      απόγευμα.   a**po**yèvma.
   2. Στη μία το πρωί.   sti **mi**a to proi.

- Les jours de la semaine

Δευτέρα	dhèf**tè**ra	lundi
Τρίτη	**tri**ti	mardi
Τετάρτη	tè**tar**ti	mercredi
Πέμπτη	**pè**mbti	jeudi
Παρασκευή	paraskè**vi**	vendredi
Σάββατο	**sa**vato	samedi
Κυριακή	kirya**ki**	dimanche

Je veux

1. un petit-déjeuner.
2. un verre d'eau.
3. un café grec.
4. une boisson fraîche.
5. une chambre à un lit pour deux personnes
   (une chambre à deux lits).

Je veux + verbe

6. me reposer.
7. rester seul(e).
8. sortir.
9. me promener.
10. partir demain matin.
11. que tu viennes avec moi.

Je voudrais

12. te montrer une belle maison.

13. vous demander quelque chose.
14. vous prévenir.
15. les (hommes-femmes) inviter.

Voulez-vous ?

16. changer ces billets (tickets) ?
17. vous manger avec nous ?
18. que je vous réserve une place ?

thèlo — Θέλω

1. èna proino. — ένα πρωινό.
2. èna potiri nèro. — ένα ποτήρι νερό.
3. èna èliniko kafè. — ένα ελληνικό καφέ.
4. èna anapsiktiko. — ένα αναψυκτικό.
5. èna dhiklino dhomatio. — ένα δίκλινο δωμάτιο.

thèlo na — Θέλω να

6. na xekourasto. — ξεκουραστώ.
7. na mino monos, moni. — μείνω μόνος,μόνη.
8. na vgho. — βγω.
9. na pao pèripato. — πάω περίπατο.
10. na figho avrio to proi. — φύγω αύριο το πρωί.
11. na èrthis mazi mou. — έρθεις μαζί μου.

tha ithèla na — Θα ήθελα να

12. sou dhixo èna orèo spiti. — σου δείξω ένα ωραίο σπί-τι.
13. sas zitiso kati. — σας ζητήσω κάτι.
14. sas proidhopiiso. — σας προειδοποιήσω.
15. tous-tis kalèso. — τους-τις καλέσω.

thèlètè na ? — Θέλετε να;

16. alaxètè ta isitiria ? — αλλάξετε τα εισιτήρια;
17. fatè mazi mas ? — φάτε μαζί μας;
18. sas kliso thèsi ? — σας κλείσω θέση;

▪ Il existe deux subjonctifs (continu, momentané) suivant la durée de l'action du verbe dans la phrase subordonnée.

• Le continu indique une action continue:
θέλω να περνάω κάθε μέρα **thè**lo na per**nao** **ka**thè **mè**ra
je veux passer (que je passe) tous les jours;
Pour former le subjonctif continu on ajoute να, na, que devant le verbe (présent) de la subordonnée.

• Le momentané indique une action momentanée:
θέλω να περάσω αύριο το πρωί **thè**lo na **pè**ra**so** **a**vrio to pro**i**, *je veux passer demain matin.*
Les terminaisons de base pour le subjonctif momentané sont: -σω, -so; -ξω, -xo; -ψω, -pso.
να κλείσω, na **kli**so, *que je ferme*
να δείξω, na **dhi**xo, *que je montre*
να γράψω, na **ghra**pso, *que j'écrive*

▪ Pour former le subjonctif momentané d'un verbe il faut connaître l'aoriste (temps correspondant au passé simple et au passé composé français). Reportez-vous aux tableaux de conjugaison (annexes).

⇨ **RAPPEL**
Il n'existe pas en grec l'équivalent du partitif français.
Θέλω ένα ποτήρι νερό.
thelo **è**na po**ti**ri **nè**ro.
Je veux un verre d'eau.

A **Que veut dire en français ?**

1. Θέλω ένα ποτήρι κρασί.   thèlo èna potiri krasi.
2. Θα ήθελα λίγο καφέ.   tha ithèla ligho kafè.
3. Θέλω να φύγω !   thèlo na figho !
4. Θέλεις να έρθεις;   thèlis na èrthis ?

B **Comment dire en grec ?**

1. Je ne veux pas de viande.

2. Voulez-vous du café ?

3. Je voudrais une grande maison.

SOLUTIONS

A 1. Je veux un verre de vin.
2. Je voudrais un peu de café.
3. Je veux partir !
4. Tu veux venir ?

B 1. Δεν θέλω κρέας.   dhèn thèlo krèas.
2. Θέλετε καφέ;   thèlètè kafè ?
3. Θα ήθελα ένα μεγάλο σπίτι.   tha ithèla èna mèghalo spiti.

La politique
Les péripéties de l'après guerre ont donné lieu, en Grèce, à une vie politique très polarisée: d'un côté *la droite* η δεξιά (i dhèxia), de l'autre *la gauche* η αριστερά (i aristèra). Trois grands partis se partagent la plupart *des votes* η ψήφος (i **psi**fos) *des électeurs* ο εκλογέας (o èkloyèas): *le parti conservateur* η Νέα Δημοκρατία, (i **nè**a dhimokra**ti**a), *le parti socialiste* ΠΑΣΟΚ (PASOK) et *le Parti Communiste* το Κομμουνιστικό Κόμμα Ελλάδας (komounisti**ko** **ko**ma èlad-has) .

J'aime

1. le cinéma.
2. le théâtre.
3. la danse.
4. la lecture.
5. la campagne.
6. le voyage.
7. nager (la natation).

J'aime beaucoup

8. les danses grecques.
9. la cuisine grecque.
10. les îles Cyclades.

J'aime...

11. la viande rôtie.
12. le résiné frais.
13. le yaourt au lait de brebis.
14. la friture de poissons.

Je n'aime pas...

15. voyager seul.
16. me lever tôt.
17. sortir en groupe.

aghapo	Αγαπώ
1. ton kinihmatoghrafo.	τον κινηματογράφο.
2. to thèatro.	το θέατρο.
3. to khoro.	το χορό.
4. to dhyavazma.	το διάβασμα.
5. tin èxokhi.	την εξοχή.
6. to taxidhi.	το ταξίδι.
7. to kolimbi.	το κολύμπι.

aghapo poli	Αγαπώ πολύ
8. tous èlinikous khorous.	τους ελληνικούς χορούς.
9. tin èliniki mayiriki.	την ελληνική μαγειρική.
10. tis kikladhès.	τις Κυκλάδες.

mou arèsi	Μου αρέσει
11. to psito krèas.	το ψητό κρέας.
12. i kria rètsina.	η κρύα ρετσίνα.
13. to provatisio yaourti.	το προβατίσιο γιαούρτι.
14. i tighaniti maridha.	η τηγανιτή μαρίδα

dhe mou arèsi na	Δε μου αρέσει να
16. taxidhèvo monos.	ταξιδεύω μόνος.
17. sikonomè noris.	σηκώνομαι νωρίς.
18. vyèno mè parèa.	βγαίνω με παρέα.

γ e prononce y devant ει et αι

■ **Les masculins en -os** forment leur accusatif singulier en -o: αγαπώ τον κινηματογράφο, agha**po** ton kinimato**ghra**fo, *j'aime le cinéma*, (au nominatif ο κινηματογράφος)
Leur accusatif pluriel se termine par -ous: αγαπώ τους χορούς, agha**po** tous kho**rous**, *j'aime les danses*.

⇨ RAPPEL : le nom-sujet se met au nominatif; le complément d'objet à l'accusatif.
Dans ο κόσμος είναι καλός, ο **koz**mos **i**nè ka**los**, *les gens sont gentils* ο κόσμος est au nominatif en tant que sujet de είναι.
Dans αγαπώ τον κόσμο, agha**po** ton **koz**mo, *j'aime les gens* ο κόσμος est à l'accusatif en tant que complément d'objet de αγαπώ.

■ Déclinaison de l'article défini ο-η-το *le-la-le*

	singulier			pluriel		
nominatif	ο	o	*le*	οι	i	*les*
	η	i	*la*	οι	i	*les*
	το	to	*le*	τα	ta	*les*
accusatif	τον	ton	*le*	τους	tous	*les*
	τη(ν)	ti(n)	*la*	τις	tis	*les*
	το	to	*le*	τα	ta	*les*

⇨ **RETENEZ AUSSI**
● L'ordre des mots peut être inversé sans modifier le sens. Ainsi, souvent, l'adjectif est placé avant le nom:

> *viande rôtie* se traduit par ψητό κρέας (rôtie viande)
> ου κρέας ψητό *viande rôtie*

A Que veut dire en français ?

1. Δεν αγαπάς την
εξοχή;
dhèn aghapas tin
èxokhi ?

2. Αγαπώ πολύ το
θέατρο.
aghapo poli to
thèatro.

3. Αγαπάτε το χορό;
aghapatè to khoro ?

B Comment dire en grec ?

1. *Elle aime la lecture.*

2. *Tu aimes le cinéma ?*

3. *Qu'est-ce qu'il me plaît ?*

SOLUTIONS

A 1. *Tu n'aimes pas la
campagne ?*

2. *J'aime beaucoup le
théâtre.*

3. *Vous aimez la danse ?*

B 1. Αγαπά το διάβασμα.
aghapa to dhyavazma.

2. Αγαπάς τον
κινηματογράφο;
aghapas ton
kinimatoghrafo ?

3. Τι μου αρέσει;
ti mou arèsi ?

Politique *(suite)*
Après le Parlement η Βουλή (i vouli), les plateaux de télévi-
sion et les tribunes το βήμα (to vima) de rassemblements
électoraux c'est dans les cafés qu'on discute συζητώ (sizito) le
plus de politique. C'est là où on se retrouve entre militants o
οπαδός (o opadhos) du même bord, c'est là où on commen-
te σχολιάζω (skholiazo) les événements, on affiche ouverte-
ment ses convictions οι πεποιθήσεις (i pèpithisis) , et on
recherche des pistons το μέσο (to mèso) ou des "services
rendus" το ρουσφέτι (to rousfèti)...

Il faut que je/j'

1. appelle la compagnie d'assurance.
2. fasse une déclaration.
3. avertisse la police.
4. loue une voiture.
5. trouve un garage.
6. fasse un régime.
7. mange moins.
8. boive beaucoup d'eau.
9. évite le soleil.
10. l' (lui/elle) aide.
11. lui (à lui/à elle) en parle.
12. les (eux/elles) accompagne.

Nous ne devons pas

13. rentrer tard.
14. rester ce soir.
15. faire du bruit.
16. les (eux/elles)gêner.
17. parler fort.

prèpi na | Πρέπει να

1. kalèso tin asfalia. — καλέσω την ασφάλεια.
2. kano dhilosi. — κάνω δήλωση.
3. idhopiiso tin astinomia. — ειδοποιήσω την αστυνομία.
4. nikiaso aftokinito. — νοικιάσω αυτοκίνητο.
5. vro èna gharaz. — βρω ένα γκαράζ.
6. kano dhièta. — κάνω δίαιτα.
7. troo lighotèro. — τρώω λιγότερο.
8. pino poli nèro. — πίνω πολύ νερό.
9. apofèvgho ton ilio — αποφεύγω τον ήλιο.
10. ton/tin voithiso. — τον-την βοηθήσω
11. tou-tis miliso. — του-της μιλήσω.
12. tous-tis sinodhèpso. — τους-τις συνοδέψω.

dhèn prèpi na | Δεν πρέπει να

13. yirisoumè argha. — γυρίσουμε αργά.
14. minoumè apopsè. — μείνουμε απόψε.
15. kanoumè thorivo. — κάνουμε θόρυβο.
16. tous-tis ènokhloumè. — τους-τις ενοχλούμε.
17. milamè dhinata. — μιλάμε δυνατά.

■ En grec, la troisième personne du pronom personnel connaît deux genres, le masculin et le féminin.

Si le pronom est <u>complément d'objet direct</u> on emploie la forme τον, ton, *le* pour le masculin et τον, tin, *la* pour le féminin. Au pluriel τον-ton devient τους-tous et την-tin devient τις-tis.

τον αποφεύγεις; ton apo**fè**vghis ? *tu l'évites ?*

την αγαπώ ! tin agha**po**, *je l'aime !*

Si le pronom est <u>complément d'objet indirect</u> on emploie la formule του-tou pour le masculin et της-tis pour le féminin.

του μιλώ, tou mi**lo**, *je lui parle*

Της προσφέρω καφέ, tis pros**fè**ro ka**fè**, *je lui offre du café.*

■ Des verbes tels que αγαπώ, agha**po** περνώ, pèr**no** μιλώ, mi**lo**... sont accentués sur la dernière syllabe. Suivant leur conjugaison ils se divisent en deux groupes, ceux qui sont caractérisés par la voyelle -α au singulier et ceux qui sont caractérisés par la présence de la combinaison -ει.

Présent- groupe caractérisé par le -α

μιλώ	mi**lo**	*je parle*
μιλάς	mi**las**	*tu parles*
μιλάει-μιλά	mi**la**	*il/elle parle*
μιλούμε-μιλάμε	mi**lou**mè-mi**la**mè	*nous parlons*
μιλάτε	mi**la**tè	*vous parlez*
μιλούν-μιλάνε	mi**loun**-mi**la**nè	*ils/elles parlent*

Présent- groupe caractérisé par le -ει

μπορώ	bo**ro**	*je peux*
μπορείς	bo**ris**	*tu peux*
μπορεί	bo**ri**	*il/elle peux*
μπορούμε	bo**rou**mè	*nous pouvons*
μπορείτε	bo**ri**tè	*vous pouvez*
μπορούν	bo**roun**	*ils/elles peuvent*

A Que veut dire en français ?

1. Πρέπει να γυρίσουμε!   **prè**pi na yi**ri**soumè !
2. Πρέπει να μείνω.   **prè**pi na **mi**no.
3. Δεν πρέπει να τρώω!   dhèn **prè**pi na **tro**o !
4. Δεν πρέπει να πίνω   dhèn **prè**pi na **pi**no
    κρασί !   kra**si** !

B Comment dire en grec ?

1. Tu dois faire une   *3. Je dois les inviter*
    déclaration.   *(hommes).*
2. Nous devons rester.

SOLUTIONS

A *1. Nous devons rentrer.*   *3. Je ne dois pas manger !*
   2. Je dois rester.   *4. Je ne dois pas boire du*
                                vin !

B 1. Πρέπει να κάνεις   **prè**pi na **ka**nis
     δήλωση.   **dhi**losi.
   2. Πρέπει να μείνουμε.   **prè**pi na **mi**noumè.
   3. Πρέπει να τους   **prè**pi na tous
     καλέσω.   ka**lè**so.

Athènes
Ne quittez pas *Athènes* η Αθήνα (i **athi**na) sans avoir vu: le *Jardin Royal* ο Βασιλικός Κήπος (o vasili**kos ki**pos), les *Halles Centrales* Η Κεντρική Αγορά (i kèndri**ki** agho**ra**), le *marché aux puces de Monastiraki* το Μοναστηράκι, le *quartier de Plaka* η Πλάκα, le *quartier* branché d'*Exarkhia* τα Εξάρχεια et la *place Omonia* η Πλατεία Ομονοίας (i pla**ti**a omo**ni**as), lieu de rencontre des *provinciaux* οι επαρχιώτες (i èpar**khio**tès) déracinés.

Je sais

1. que vous aimez la campagne.
2. que vous n'aimez pas le soleil.

3. ce qui vous plaît.

Je ne sais pas

4. conduire.
5. si les magasins sont
   ouverts !
6. qui vous êtes !

Je crois

7. Je te crois.
8. Je crois en Dieu.
9. Je crois à ce qu'il dit.

Je ne crois pas

10. aux miracles.
11. qu'il s'agisse d'erreur !

Je pense

12. que nous n'avons pas d'autre solution.
13. que nous avons raté le bus.
14. qu'ils vous attendent pour déjeuner.

Je ne pense pas

15. qu'il mente (il nous dise des mensonges).
16. qu'il nous a trompés.

xèro — Ξέρω

1. oti sas arèsi i èxokhi.
2. oti dhèn aghapate ton ilio.
3. ti sas arèsi.

ότι σας αρέσει η εξοχή.
ότι δεν αγαπάτε τον ήλιο.
τι σας αρέσει.

dhèn xèro — Δεν ξέρω

4. na odhigho !
5. an ta magazya inè anikhta !
6. pios istè !

να οδηγώ !
αν τα μαγαζιά είναι ανοιχτά !
ποιος είστε !

pistèvo — Πιστεύω

7. sè pistèvo.
8. pistèvo sto thèo.
9. pistèvo auta pou lèi.

Σε πιστεύω .
Πιστεύω στο θεό.
Πιστεύω αυτά που λέει;

dhèn pistèvo — Δεν πιστεύω

10. sta thavmata.
11. oti prokitè ya lathos !

στα θαύματα.
οτι πρόκειται για λάθος!

nomizo oti — Νομίζω ότι

12. dhèn èkhoumè ali lisi.
13. khasamè to leoforio !
14. sas perimènoun ya fayito.

δεν έχουμε άλλη λύση.
χάσαμε το λεωφορείο !
σας περιμένουν για φαγητό.

dhèn nomizo oti — Δεν νομίζω ότι

15. lèi psèmata.
16. mas yèlasè.

λέει ψέμματα.
μας γέλασε.

■ ξέρω, xèro, je sais

Le verbe ξέρω, xèro, je sais , peut être suivi, comme en français:

- d'un nom ou d'un pronom:
  σας ξέρω !, sas xèro, je vous connais.
- d'un verbe conjugué précédé de :
  Ξέρω ότι έχετε σπίτι, xèro oti èkhètè spiti,
  je sais que vous avez une maison !

■ δεν πιστεύω, dhen pistèvo je ne crois pas

Suivant le sens exprimé, les verbes δεν πιστεύω, dhèn pistèvo, je ne crois pas , et δε νομίζω, dhè nomizo, je ne pense pas, peuvent être suivis:

- de ότι, oti, que :
  Δεν πιστεύω ότι λέει ψέμματα, dhèn pistèvo oti lèi psèmata, je ne crois pas qu'il mente. (je suis certain qu'il ne mens pas)
- de να, na, que :
  Δε νομίζω να λέει ψέμματα, , dhè nomizo na lèi psèmata, je ne pense pas qu'il mente
  (peut-être mènt-il ?)

■ στο, στα

στο, est la contraction de σε, sè, à/en et de το(ν) to(n), le
στον ήλιο, ston ilio, au soleil
στα, est la contraction de σε, sè, à/en et de τα, ta, les
στα χαρτιά, sta khartia, sur (dans) les papiers

■ που, pou, qui-que

που, qui-que est invariable:
τα εισιτήρια που έχετε, ta isitiria pou èkhètè,
les billets que vous avez.
η κυρία που έχει το σπίτι, i kiria pou èkhi to spiti,
la dame qui a la maison

⇨ RAPPEL

για peut signifier de, pour :
Πρόκειται για λάθος, prokitè ya lathos, il s'agit d'erreur

A Que veut dire en français ?

1. Ξέρω ότι δε σας
   αρέσει !

   xèro oti dhè sas
   arèsi !

2. Πιστεύετε οτι μας
   περιμένουν;

   pistèvètè oti mas
   pèrimènoun ?

3. Δεν ξέρω ποιος
   είσαι !

   dhèn xèro pios
   isè !

B Comment dire en grec ?

1. Je ne le crois pas !

2. Vous le connaissez ?

3. Tu sais s'il y a des bateaux?

SOLUTIONS

A 1. Je sais que ça ne vous
   plaît pas !

3. Je ne sais pas qui tu es !

2. Vous croyez qu'ils nous
   attendent ?

B 1. Δεν τον πιστεύω !

   dhèn ton pistèvo !

2. Τον γνωρίζετε;

   ton ghnorizètè ?

3. Ξέρεις αν έχει πλοία;

   xèris an èkhi plia ?

Spécialités gastronomiques

Ne quittez pas la Grèce sans avoir mangé: la *poulpe grillée* το
χταπόδι (to khtapodhi) , les *pissenlits bouilis* χόρτα (**kho**rta),
le *plat de tripes* contre la gueule de bois πατσάς (patsas), les
haricots géants φασόλια γίγαντες (fasolia yiyandès), le *beur-
re de lait de brebis* προβατίσιο βούτυρο (provatisio voutiro), le
plat de rognons, tripes et foie rôtis à la broche κοκορέτσι
(kokorètsi), les *beignets au miel* λουκουμάδες με μέλι (lou-
koumadhès mè mèli), les *gâteaux aux amandes* οι κουραμ-
πιέδες (kourabièdhès), et le *pudding au jus de raisin* η μους-
ταλευριά (i moustalèvria) .

49

A12   de-de la-du-des

de, de la

1. C'est la valise de Marie.

2. C'est le frère de Georges.

3. Où sont les clés de la voiture ?

4. Un jus de pomme s'il vous plaît !

5. Juste un verre d'eau !

du

6. Voici l'adresse du magasin !

7. Attention, c'est la place du conducteur !

8. C'est l'épicerie du village !

9. Je chante <u>Les Enfants du Pirée</u>.

10. Vous voulez du fromage ?
11. Vous buvez du vin ?

des

12. Je monte les bagages des enfants.

13. Avez-vous l'horaire d'ouverture des magasins ?

14. Les prix des hôtels ne sont pas marqués !

tou-tis του-της

1. inè i va**li**tsa tis
   ma**ri**as.

   Είναι η βαλίτσα της
   Μαρίας.

2. inè o adhèr**fos**
   tou **yor**ghou.

   Είναι ο αδερφός του
   Γιώργου.

3. pou inè ta kli**dhy**a
   tou afto**ki**ni**tou** ?

   Πού είναι τα κλειδιά του
   αυτοκινήτου;

4. **è**na khi**mo mi**lou
   paraka**lo** !

   Ένα χυμό μήλου,
   παρακαλώ !

5. **è**na po**ti**ri nè**ro**, **mo**no !

   Ένα ποτήρι νερό, μόνο !

tou του

6. oristè i **dhy**è**f**thinsi tou
   magha**zyou** !

   Ορίστε η διεύθυνση του
   μαγαζιού !

7. proso**khi**, inè i **thè**si
   tou odhi**ghou** !

   Προσοχή, είναι η θέση
   του οδηγού !

8. inè to ba**ka**liko tou
   kho**ryou** !

   Είναι το μπακάλικο του
   χωριού !

9. tragou**dho** ta pè**dhy**a
   tou pirè**a**.

   Τραγουδώ <u>Τα παιδιά
   του Πειραιά</u>.

10. **thè**lete ti**ri**;

    Θέλετε τυρί;

11. **pi**nètè kra**si**;

    Πίνετε κρασί;

ton των

12. anè**va**zo tis apos**kè**vès
    ton pèdhy**on**.

    Ανεβάζω τις αποσκευές
    των παιδιών.

13. **è**khètè to o**ra**rio
    litour**yi**as ton
    katasti**ma**ton ?

    Έχετε το ωράριο
    λειτουργίας των
    καταστημάτων;

14. i ti**mès** ton xènodho**khi**on
    dhèn inè ghra**mè**nès !

    Οι τιμές των ξενοδοχείων
    δεν είναι γραμμένες !

■ του, tou, *du*

Le complément de nom signifiant l'appartenance s'exprime par une forme grammaticale appelée le génitif. Le génitif des noms est fonction de leur genre et de leur nombre. L'article défini correspondant est placé également au génitif:

- του, tou correspond à du (génitif masculin)
  το δωμάτιο του ξένου, to dhomatio tou **xè**nou,
  la chambre de l'étranger
- της, tis correspond à de la (génitif féminin):
  το κλειδί της πόρτας, to kli**dhi** tis **po**rtas, *la clé de la porte*
- του, tou correspond à du (génitif neutre):
  η πόρτα του λεωφορείου, i **po**rta tou lèofo**ri**ou,
  la porte de l'autobus
- των, ton correspond à des (génitif pluriel tous genres confondus):
  οι τιμές των ξενοδοχείων, i ti**mès** ton xènodo**khi**on, *les prix des hôtels* (το ξενοδοχείο est neutre)
  οι βαλίτσες των γάλλων, i va**lit**sès ton **gha**lon, *les valises des français* (ο γάλλος est masculin)

■ En grec, les prénoms sont précédés de l'article défini:
  Είμαι η Μαρία ! , imè i maria ! , *je suis (la) Marie !*
  Είμαι ο Γιώργος ! , imè o yorghos !, *je suis (le) Georges !*

⇨ **RETENEZ**: On ne met l'article défini devant le prénom d'une personne que quand on l'appelle.
  Μαρία , Maria !, *Marie !*
  Γιώργο ! , Yorgho !, *Georges !*

A Que veut dire en français ?

1. Θέλω τα κλειδιά του
   δωματίου !

   thèlo ta klidhya tou
   dhomatiou !

2. Ξέρετε τις τιμές
   των ξενοδοχείων;

   xèrètè tis timès ton
   xènodokhion ?

3. Θέλετε κρασί;

   thèlètè krasi ?

B Comment dire en grec ?

1. *Voici le garage du
   village !*

2. *Est-ce que tu as le
   billet du bateau ?*

SOLUTIONS

A 1. *Je veux les clés de la
   chambre.*

2. *Connaissez-vous les prix
   des hôtels ?*

3. *Vous voulez du vin ?*

B 1. Ορίστε το γκαράζ
   του χωριού !

   oristè to garaz tou
   khoryou !

2. Έχεις το εισιτήριο
   του πλοίου;

   èkhis to isitirio
   tou pliou ?

Le nèfos
Même si vous ne faites que passer par Athènes, il vous sera
impossible d'échapper au fameux *nuage de pollution* το
νέφος (to **nè**fos) suspendu au dessus de la ville. L'une des
conséquences de nefos fut l'introduction de *pair-impair*
μονά-ζυγά (mona-zigha), une mesure qui impose la circula-
tion, au centre-ville, des voitures de particuliers τα γιώτα-χι
IX (ta **yo**ta khi) à tour de rôle. Les jours pairs, ce sont les
plaques minéralogiques paires et vice versa. Pour contourner
ces restrictions, de nombreux athéniens ont dû s'acheter une
deuxième voiture.

mon-ma-mes

1. Où est mon billet ?.

2. Mon addition, s'il vous plaît !

3. Ils regardent mes papiers !

ton-ta-tes

4. C'est ton fils ?
5. C'est ta fille ?
6. Ce sont tes parents ?

son-sa-ses

7. Où est son café
   (à lui/à elle) ? .
8. Elle loue sa maison.
9. Je n'ai pas son téléphone
   (à lui/à elle) !

notre-votre-leur

10. Notre voiture est en panne !

11. Votre excursion est reportée !

12. Leur autobus est en retard !

13. Leurs amies ne parlent pas français.

mien-tien-sien

14. C'est le mien-c'est la mienne !

15. C'est le tien-c'est la tienne !

16. C'est le sien-c'est la sienne !

mou-mas   μου-μας

1. pou inè to isitirio
   mou ?
2. ton logharyazmo mou
   parakalo !
3. kitanè ta khartia mou !

Που είναι το εισιτήριό
μου;
Τον λογαριασμό μου
παρακαλώ !
Κοιτάνε τα χαρτιά μου!

sou-sas   σου-σας

4. o yos sou inè ?
5. i kori sou inè ?
6. i ghonis sou inè ?

Ο γιός σου είναι;
Η κόρη σου είναι;
Οι γονείς σου είναι;

tou-tis   του-της

7. pou inè o kafès
   tou/tis ?
8. nikiazi to spiti tis
9. dhèn èkho to tilèfono
   tou/tis !

Πού είναι ο καφές
του/της;
Νοικιάζει το σπίτι της!
Δεν έχω το τηλέφωνό του/-
της !

mas-sas-tous   μας-σας-τους

10. to aftokinito mas
    khalasè !
11. i èkdhromi sas
    anavlithikè !
12. to lèoforio tous
    kathistèrisè !
13. i filès tous dhèn
    milanè ghalika.

Το αυτοκίνητό μας
χάλασε !
Η εκδρομή σας
αναβλήθηκε !
Το λεωφορείο τους καθυσ-
τέρησε !
Οι φίλες τους δεν
μιλάνε γαλλικά.

14. dhikos mou inè-dhikia
    mou inè !
15. dhikos sou inè-dhikia
    sou inè !
16. dhikos tou inè-dikia
    tou inè !

Δικός μου είναι- δικηά
μου είναι !
Δικός σου είναι- δικηά
σου είναι !
Δικός του είναι- δικηά
του είναι !

■ μου, mou, *mon, ma*

• pour former le pronom possessif, et s'il s'agit d'un seul possesseur, on ajoute après la chose possédée:

→ μου, mou, *mon-ma-mes* pour la première personne du singulier et du pluriel, et pour les trois genres:

о γυιός μου, o yos mou, *mon fils*

τα παιδιά μου, ta pè**dhya** mou, *mes enfants*

→ σου, sou, *ton-ta-tes* pour la deuxième personne du singulier et du pluriel et pour les trois genres:

о αδερφός σου, o adhè**rfos** sou, *ton frère*

οι φίλες σου, i **fi**lès sou, *tes amies*

• s'il s'agit de plusieurs possesseurs, on ajoute après la chose possédée:

→ μας, mas, *mes* pour la première personne

→ σας, sas, *tes* pour la deuxième personne

τους, tous, leurs pour la troisième personne *ton-ta-tes* pour la deuxième personne du singulier et du pluriel (forme commune aux trois genres):

οι φίλες σου, i **fi**lès sou, *tes amies*

το μαγαζί σου, to maghazi sou, *ton magasin*

о αδερφός σου, o adhè**rfos** sou, *ton frère*

• les pronoms possessifs de la trosième personne du singulier-par contre, suivent le genre et le nombre genre grammatical de la chose possédée:

⇨ **RETENEZ :** quand on appelle quelqu'un de son prénom on ne met pas l'article défini.

A Que veut dire en français ?

1. Που είναι ο καφές
   μας;
   pou inè o kafès
   mas ?
2. Το σπίτι σου είναι;
   to spiti sou inè ?
3. Θα ήθελα το
   λογαριασμό μου !
   tha ithèla to
   logharyazmo mou !

B Comment dire en grec ?

1. *C'est ton ami ?*
2. *C'est mon verre !*

3. *Vos papiers, s'il vous plaît!*

SOLUTIONS

A 1. *Où est-ce qu'il est notre café ?*
2. *C'est ta maison ?*
3. *Je voudrais mon addition*

B 1. Ο φίλος σου είναι;
   o filos sou inè ?
2. Το ποτήρι μου είναι !
   to potiri mou inè !
3. Τα χαρτιά σας,
   παρακαλώ !
   ta khartia sas
   parakalo !

L'Eglise Orthodoxe
De par la Constitution, l'orthodoxie est reconnue comme la religion officielle de la Grèce. Le rôle prépondérant que joue l'Eglise Orthodoxe dans la vie publique et privée des grecs s'explique par l'histoire.
Pour ne citer qu'un exemple: c'est grâce à *l'école secrète* κρυφό σχολειό (krifo skholio) montée par le clergé orthodoxe que les enfants grecs ont pu s'instruire durant les quatre siècles de l'occupation ottomane...
Cependant, depuis 1981, l'Eglise voit son influence se réduire: la reconnaisance du mariage civil et la création de registre civil introduites par le gouvernement socialiste de l'époque ont ouvert les premières brèches...

me-nous

1. Tu m'aides, s'il te plaît ?
2. Qu'est-ce que tu me donnes ?
3. Ca nous plaît !
4. Qu'est-ce que vous nous proposez ?

te-vous

5. Je ne te réveille pas ?
6. Je ne te dirai pas !
7. Je ne vous dérange pas ?
8. Je vous recommande cette boulangerie !

les

9. Nous les accompagnons (hommes/femmes) à la gare !
10. Nous les (hommes/femmes) invitons au restaurant.
11. Vous les connaissez ces enfants ?

lui-leur

12. Je lui (homme/femme) ai passé mon appartement.
13. Je lui (homme/femme) ai envoyé un cadeau.

14. Nous leur avons montré le chemin !
15. Nous leur avons laissé notre chambre.

mè-mas   Με-μου-μας

1. mè voithas, sè parakalo?   Με βοηθάς, σε παρακαλώ;
2. ti mou dhinis ?   Τι μου δίνεις;
3. mas arèsi !   Μας αρέσει !
4. ti mas protinètè ?   Τι μας προτείνετε;

sè-sas   Σε-σου-σας

5. dhèn sè xipnao ?   Δεν σε ξυπνάω;
6. dhèn tha sou po !   Δεν θα σου πω !
7. dhèn sas ènokhlo ?   Δεν σας ενοχλώ;
8. sas sistino afto to artopolio !   Σας συστήνω αυτό το αρτοπωλείο !

tous-tis-ta   Τους-Τις-Τα

9. tous/tis sinodhèvoumè sto stathmo !   Τους-τις συνοδεύουμε στο σταθμό !
10. tous-tis kaloumè sto èstiatorio.   Τους-τις καλούμε στο εστιατόριο.
11. ta ghnorizètè afta ta pèdhya ?   Τα γνωρίζετε αυτά τα παιδιά;

tou-tis   Του-Της

12. tou-tis dhanisa to dhyamèrizma mou.   Του-της δάνεισα το διαμέρισμά μου.
13. tou-tis èstila èna dhoro.   Του-της έστειλα ένα δώρο.
14. tous dhixamè to dhromo.   Τους δείξαμε το δρόμο.
15. tous afisamè to dhomatio mas.   Τους αφήσαμε το δωμάτιό μας.

■ με-μου, mè-mou, *me, à moi* ;
σε-σου, sè-sou, *te , à toi*

• en tant que **complément d'objet direct**:
  → *me* se traduit par με, mè
    με ενοχλείς ! mè èno**khlis**, *tu me déranges !*
  → *te* par σε sè
    σε ξέρω ! sè **xè**ro !, *je te connais !*

• en tant que **complément d'objet indirect**:
  → *me* se traduit par μου, mou (à moi)
    μου λέει ψέμματα ! mou **lè**i **psè**mata,
    il me dit des mensonges !
  → *te* par σου, sou, (à toi)
    σου μιλώ ! sou mi**lo**, *je te parle !*

■ μας-σας, mas-sas, *nous-vous*
  → *nous* (nous/à nous) correspond à μας, mas
    Μας δίνετε ψιλά; mas **dhi**nètè psi**la** ?
    vous nous donnez de la monnaie ?
  → *vous* (vous/à vous) correspond à σας, sas
    Σας αρέσει; sas a**rè**si ? *ça vous plaît ?*

■ τους-τις-τα, tous-tis-ta, *les (H), les (F), les (N)*
  → *les* correspond à τους, tous (pour le masculin), à τις
    tis (pour le féminin), à τα, ta (pour le neutre)
    τους γνωρίζω ! tous ghno**ri**zo !, *je les connais !*
    τις βοηθώ ! tis voi**tho** !, *je les (elles) aide !*
    τα νοικιάζετε τα δωμάτια; ta ni**kia**zètè ta
    dho**ma**tia ? *vous les louez les chambres ?*

■ του-της-τους, tou-tis-tous, *lui, lui, leur*
  → *lui (homme)* se traduit par του, tou
  → *lui (femme)* se traduit par à της, tis
  → *leur* se traduit par τους, tous
    του μιλώ γαλλικά ! tou mi**lo** ghali**ka** ! *je lui parle en
    français !*
    της τηλεφώνησες; tis tilè**fo**nisès ? *tu lui as téléphoné ?*
    τους δείξαμε το σταθμό ! tous dhi**xa**mè to stathmo !
    nous leur avons montré la gare !

A Que veut dire en français ?

1. Τι μου προτείνετε;   ti mou pro**ti**nètè ?
2. Τι μας δίνετε;   ti mas **dhi**nètè ?
3. Με αγαπάς;   mè agha**pas** ?
4. Τι να τους προσφέρω;   ti na tous pros**fè**ro ?

B Comment dire en grec ?

1. *Je ne lui dirai pas que je te connais !*
2. *Ca vous plaît ?*
3. *Vous nous accompagnez?*
4. *Nous ne leur avons pas laissé notre téléphone.*

SOLUTIONS

A
1. *Qu'est-ce que vous me proposez ?*
2. *Qu'est-ce que vous me donnez ?*
4. *Tu m'aimes ?*
5. *Qu'est-ce que je peux leur offrir ?*

B
1. Δε θα της πω ότι σε ξέρω !   dhè tha tis po **o**ti sè **xè**ro !.
2. Σας αρέσει;   sas a**rè**si ?
3. Μας συνοδεύετε;   mas sino**dhè**vètè ?

Le Mont Athos
Cette république monastique orthodoxe autonome située en *Chalcidique* i Χαλκιδική (i khalkidhi**ki**), au sud de Salonique, est *interdite aux femmes* απαγορεύεται στις γυναίκες (apaghorè**vè**tè stis yi**nè**kès) et aux animaux femelles depuis 1060. Plus d'un millier de *moines* καλόγεροι (ka**lo**yèri) grecs, russes, bulgares et serbes habitent les vingt monastères aux trésors inestimables...

1. Nous pourrions louer une voiture.
2. Nous pourrions (hommes) leur demander.
3. Nous pourrions lui (homme) proposer de venir avec nous.

4. Et si on allait se promener ?
5. Et si on s'arrêtait pour manger un morceau ?

6. Et si on allait boire un verre ?

7. N'aurait-il pas un peu trop bu ?

8. N'aurait-il pas pris notre valise par erreur ?

9. Ne se serait-il pas trompé d'adresse ?

10. Pourquoi ne préviens-tu pas la police ?

11. Pourquoi ne changes-tu pas tes francs ?

12. Allons voir ce qu'il nous propose !

13. Allons prendre des places pour le concert !

14. Ce serait bien qu'on se rencontre !

15. Ce serait bien qu'on en parle !

1. na nikiasoumè aftokinito.
2. na tous rotisoumè.
3. na tou protinoumè
   narthi mazi mas.

4. pamè ya pèripato ?
5. stamatamè na
   tsimbisoumè kati ?
6. pamè na pioumè èna
   potiri ?

7. mipos ipiè lìgho
   parapano ?
8. mipos pirè ti valitsa
   mas kata lathos ?

9. mipos èkanè lathos
   dhyèfthinsi ?

10. yati dhèn idhopiis tin
    astinomia ?
11. yati dhèn alazis
    ta frangha sou ?

12. pamè na dhoumè ti tha
    mas pi. !
13. pamè na paroumè !
    thèsis ya to thèatro.

14. kalo thatan na
    sinandiomastan.
15. kalo thatan na
    sizitousamè.

Να νοικιάσουμε αυτοκίνητο.
Να τους ρωτήσουμε.
Να του προτείνουμε
νάρθει μαζί μας

Πάμε για περίπατο;.
Σταματάμε να
τσιμπήσουμε κάτι;
Πάμε να πιούμε ένα
ποτήρι;

Μήπως ήπιε λίγο
παραπάνω;
Μήπως πήρε τη βαλίτσα
μας κατά λάθος;

Μήπως έκανε λάθος
διεύθυνση;

Γιατί δεν ειδοποιείς την
αστυνομία;
Γιατί δεν αλλάζεις
τα φράγκα σου;

Πάμε να δούμε τι θα μας
πει !
Πάμε να πάρουμε !
θέσεις για το θέατρο.

Καλό θάταν να
συναντιόμασταν.
Καλό θάταν να
συζητούσαμε.

■ **pour exprimer la suggestion** ou le **souhait** on peut employer:

• **le subjonctif**

> να ρωτήσουμε, na rotisoumè
> nous pourrions demander
> *(m.a.m. que nous demandions)*

• l'expression ça serait bien καλό θάταν kalo thatan suivi du mot αν, an *si* + l'imparfait:

> Καλό θάταν να νοικιάζαμε αυτοκίνητο !
> ka**lo tha**tan na ni**kia**zamè afto**ki**nito !
> *ça serait bien de louer une voiture !*

• l'interrogation avec le mot μήπως mipos *est-ce que* +indicatif

> μήπως άφησε μία βαλίτσα;
> **mi**pos a**fi**sè **mi**a va**li**tsa ?
> *n'aurait-il pas laissé une valise ?*
> *(m.a.m. est-ce qu'il n'aurait pas ...)*

• l'interrogation avec le mot γιατί, yati, *pourquoi ?*

> Γιατι μιλάς δυνατά;
> **ya**ti mi**las** dhina**ta** ?
> *pourquoi tu parles fort ?*

→ L'aoriste (voir p. 36) du verbe παίρνω , **pè**rno, *je prends*

πήρα	**pi**ra	*j'ai pris*
πήρες	**pi**rès	*tu as pris*
πήρε	**pi**rè	*il/elle a pris*
πήραμε	**pi**rame	*nous avons pris*
πήρατε	**pi**rate	*vous avez pris*
πήραν	**pi**ran(è)	*ils/elles ont pris*

→ L'aoriste du verbe πίνω , **pi**no, *je bois*

ήπια	**i**pia	*j'ai bu*
ηπιες	**i**piès	*tu as bu*
ηπιε	**i**piè	*il/elle a bu*
ήπιαμε	**i**piamè	*nous avons bu*
ήπιατε	**i**piatè	*vous avez bu*
ήπιαν	**i**pian(è)	*ils/elles ont bu*

A **Que veut dire en français ?**

1. Μήπως πήρατε τη
   βαλίτσα μου;
   mipos **pira**tè ti
   valitsa mou ?

2. Γιατί δε με βοηθάς;
   yati dhè mè voi**thas** ?

3. Μήπως έκανε λάθος;
   mipos **è**kanè **la**thos ?

B **Comment dire en grec ?**

1. *Nous pourrions lui
   proposer !*

2. *Allons manger !*

3. *Allons voir !*

SOLUTIONS

A
1. *N'auriez-vous pas pris
   ma valise ?*

2. *Pourquoi tu ne m'aides
   pas ?*

3. *Ne se serait-il pas
   trompé ?*

B
1. Να του προτείνουμε !
   na tou pro**ti**noumè !

2. Πάμε να φάμε !
   pamè na **fa**mè !

3. Πάμε να δούμε !
   pamè na **dhou**mè !

Du grec ancien au grec moderne...
Le *grec moderne* τα νέα ελληνικά (ta **nè**a èli**ni**ka) descend
directement du *grec ancien* τα αρχαία ελληνικά (ta ar**khè**a
èli**ni**ka), même si son vocabulaire n'est plus tout à fait le
même, sa syntaxe plus aussi rigoureuse et sa grammaire
moins logique qu'autrefois. Pendant 2500 ans le grec a su
évoluer en composant avec l'*histoire* η ιστορία (i isto**ri**a). Les
Evangiles *τα Ευαγγέλια* (ta èva**ghè**lia), un des textes fonda-
teurs du grec moderne, écrits en langue κοινή (ki**ni**), c'est à
dire une langue parlée et écrite en Grèce aux époques hellé-
nistique et romaine (voir p.) sont l'exemple même de cette
continuité η συνέχεια (i si**nè**khia) dans le changement.

1. Dites-moi !

2. Parlez !

3. Mangez votre poisson !

4. Buvez votre verre !

5. Achetez du pain !

6. Ecrivez-nous souvent !

7. Entrez vite !

8. Venez par ici !

9. Revenez demain !

10. Arrêtez-vous immédiatement !

11. Cherchez bien !

12. Ne les (hommes-femmes) écoutez pas !

13. Ne parlez pas !

14. Ne lui (à lui) ouvrez pas !

15. Ne les (hommes) payez pas !

16. Ne venez pas seuls !

17. Ne buvez pas !

1. **pi**tè mou !   Πείτε μου !

2. mili**s**tè !   Μιλήστε !

3. **fa**tè to **psa**ri sas !   Φάτε το ψάρι σας !

4. **pkhi**tè to potiri sas !   Πιείτε το ποτήρι σας !

5. agho**ra**stè pso**mi** !   Αγοράστε ψωμί !

6. **ghra**fètè mas si**khna** !   Γράφετέ μας συχνά !

7. **bi**tè **ghri**ghora !   Μπείτε γρήγορα !

8. **è**latè a**po** dho !   Ελάτε από δώ !

9. **è**latè **pa**li **a**vrio !   Ελάτε πάλι αύριο !

10. stama**ti**stè a**mè**sos !   Σταματείστε αμέσως !

11. **psa**xtè ka**la** !   Ψάξτε καλά !

12. min tous/tis a**kou**tè !   Μην τουςτις ακούτε !

13. mi mi**la**tè !   Μη μιλάτε !

14. min tou a**ni**yètè   Μην του ανοίγετε !

15. min tous pli**ro**sètè !   Μην τους πληρώσετε !

16. min **è**rthètè **mo**ni sas !   Μην έρθετε μόνοι σας !

17. min **pi**nètè !   Μην πίνετε !

■ Formes d'impératif

Il en existe deux, le continu et le momentané. Le continu exprime un ordre à durée indéterminée, le momentané un ordre à exécution instantanée. C'est le contexte qui détermine le sens.

Φάτε αμέσως ! **fatè** amèsos ! *manger immédiatement !*
Αντε, τρώτε ! andè **trotè** ! allez, *commencez à manger !*
Γράφετε ! **ghra**fètè ! *mettez-vous à écrire !*
Γράψτε σήμερα ! **ghra**pstè simèra ! *écrivez aujourd'hui !*

■ Conjugaison de l'impératif

Les terminaisons de l'impératif, continu ou momentané, des verbes réguliers sont:

• -sè, -xè, psè à la deuxième personne du singulier
αγόρασε ψωμί ! **agho**rasè pso**mi** ! *achètes du pain !*

• -s(è)tè, -x(è)tè, ps(è)tè à la deuxième personne du pluriel
αγοράσ(ε)τε ψωμί, **agho**ras(è)tè pso**mi** ! *achetez du pain !*

■ Formation de l'impératif

On forme l'impératif:

• continu d'après le présent du verbe:
κλείν-ε ! klin-è ! *ferme !* vient de klin-is κλείνεις *tu fermes*

• momentané d'après l'aoriste du verbe:
κλείσ-ε klis-è *ferme !* vient de èklis-a έκλεισ-α *j'ai fermé.*

■ Impératif négatif

Pour former l'impératif négatif, continu ou momentané on emploie le subjonctif correspondant précédé du mot mi(n) μη(ν) *ne*

Μην πίνεις ! min pinis ! *ne bois pas !*

⇨ RAPPEL:
à moi se traduit par μου, mou
à toi se traduit par σου, sou
notre par μας, mas
votre par σας, sas

A Que veut dire en français ?

1. Πείτε μας !   **pi**tè mas !
2. Μπείτε από δω !   **bi**tè a**po** dho !
3. Μην τους μιλάτε !   min tous mi**la**tè !
4. Μη μας περιμένετε !   mi mas pèri**mè**nètè !

B Comment dire en grec ?

1. *Payez-nous !*   3. *Ne parlez pas fort !*
2. *Venez avec nous !*

SOLUTIONS

A 1. *Dites-nous !*   3. *Ne leur parlez pas !*
2. *Entrez par ici !*   4. *Ne nous attendez pas !*

B 1. Πληρώστε μας !   pli**ro**stè mas !
2. Ελάτε μαζί μας !   è**la**tè ma**zi** mas !
3. Μη μιλάτε δυνατά !   mi mi**la**tè dhi**na**ta !

La question de la langue
Ce problème linguistique a toujours suscité des *passions* τα
πάθη (ta **pa**thi), des *conflits* οι διαμάχες (i dhya**ma**khès) et
des *combats* οι αγώνες (i a**gho**nès) chez les *néohellènes* οι
νεοέλληνες (i nèoè**li**nès) divisés en deux camps: les puristes
de *katharèvousa* η καθαρεύουσα (i katha**rè**vousa), substitut
du grec ancien, parlé et écrit par le pouvoir, la presse et les
intellectuels, et les partisans du *démotique* η δημοτική (i dhi-
moti**ki**) - langue du peuple - prônant l'instauration d'une
langue comprise de tous. Aujourd'hui encore, cette question
de la langue το γλωσσικό ζήτημα (to ghlosi**ko zi**tima) est loin
d'être close. Et ce malgré l'adoption définitive du démotique
comme *langue officielle* η επίσημη γλώσσα (i è**pi**simi **ghlo**-
sa)

Hier

1. c'était mon anniversaire !
2. nous sommes allés au cinéma.
3. il a fait très chaud.

L'an dernier

4. je n'habitais pas à Athènes
5. j'avais déjà déménagé.
6. la villa n'était pas encore terminée.

Il y a (m. à m. avant)

7. un an nous étions à l'étranger.
8. deux minutes vous nous disiez autre chose.

9. Nous nous sommes connus il y a deux ans.

Cela fait

10. des jours que je te cherche.
11. des mois que nous attendons.
12. trois ans qu'on ne s'est pas vus.

Depuis

13. hier les banques sont en grève.

14. ce jour-là je n'ai pas eu de vos nouvelles !

khtès

Χτες

1. itan ta yènèthlia mou.
2. pighamè sinèma.
3. èkanè poli zèsti.

ήταν τα γενέθλιά μου.
πήγαμε σινεμά.
έκανε πολλή ζέστη.

pèr(i)si

Πέρ(υ)σι

4. dhèn èmèna stin athina.
5. ikha idhi mètakomisi.
6. i vila dhèn ikhè akoma tèliosi.

δεν έμενα στην Αθήνα.
είχα ήδη μετακομίσει.
η βίλλα δεν είχε ακόμα τελειώσει.

prin

Πριν...

7. èna khrono imastan èxo.
8. dhio lèfta mas lèghatè ala !
9. dhio khronia ghnoristikamè.

ένα χρόνο είμασταν έξω.
δύο λεφτά μας λέγατε άλλα.
δύο χρόνια γνωριστήκαμε.

inè

Είναι...

10. mèrès pou sè psakhno.
11. minès pou pèrimènoumè.
12. tria khronia pou dhèn idhothikamè.

μέρες που σε ψάχνω.
μήνες που περιμένουμε.
τρία χρόνια που δεν ειδωθήκαμε.

apo

Από...

13. khtès i trapèzès apèrghoun.
14. totè dhèn èlava nèa sas !

χτες οι τράπεζες απεργούν.
τότε δεν έλαβα νέα σας !

■ ήμουν, **i**moun, *J'étais/je fus*
είχα, **i**kha, *J'avais/j'ai eu*

Imparfait et **aoriste** du verbe είμαι, imè, *je suis*

ήμουν(α)	**i**moun(a)	*j'étais*
ήσουν(α)	**i**soun(a)	*tu étais*
ήταν(ε)	**i**tan(è)	*il/elle était*
ήμαστε-είμασταν	imastè-**i**mastan	*nous étions*
ήσαστε-είσασταν	isastè-**i**sastan	*vous étiez*
ήταν(ε)	**i**tan(è)	*ils/elles étaient*

Imparfait du verbe έχω, èkho, *j'ai*

είχα	**i**kha	*j'avais*
είχες	**i**khès	*tu avais*
είχε	**i**khè	*il/elle avait*
είχαμε	**i**khamè	*nous avions*
είχατε	**i**khatè	*vous aviez*
είχαν	**i**khan	*ils/elles avaient*

■ Plus-que parfait
Le plus que parfait sifgnifie qu'une action est antérieure à une autre dans le passé. Il est formé d'après l'aoriste du verbe précédé de l''imparfait du verbe avoir:
→ τελειώνω, tè**lio**no, *je termine*: (présent)
→ τέλειωσα, tè**lio**sa, *j'ai terminé* (aoriste)
→ είχα τελειώσει, **i**kha te**lio**si, *j'avais terminé*

● Les terminaisons des verbes réguliers au plus que parfait sont: σει,-si, -ξει,-xi, -ψει, psi
είχα κλείσει, **i**kha **kli**si, *j'avais fermé*
(aoriste έκλεισα, **è**klisa, *j'ai fermé*)
είχα ανοίξει, **i**kha a**ni**xi, *j'avais ouvert*
(aoriste άνοιξα, **a**nixa, *j'ai ouvert*)
είχα γράψει, **i**kha **ghra**psi, *j'avais écrit*
(aoriste έγραψα, **è**ghrapsa, *j'ai écrit*)

⇨ **RAPPEL**: *que-qui* se traduit par που,pou

A Que veut dire en français ?

1. Πότε ήταν τα
   γενέθλιά σας;
   **potè ìtan ta
   yènèthlia sa ?**

2. Πόσες μέρες είναι
   που μας ψάχνετε;
   **poses mèrès inè
   pou mas psakhnètè ?**

3. Τι μας λέγατε πριν;
   ti mas lèghatè prin ?

4. Από πέρυσι δεν
   έλαβα νέα !
   **apo pèrsi dhèn
   èlava nèa !**

B Comment dire en grec ?

1. *Depuis quand êtes-vous
   à Athènes ?*

2. *Hier j'étais à la maison !*

3. *Avant, j'étais employé !*

4. *Hier j'étais très fatiguée !*

SOLUTIONS

A
1. *C'était quand ton
   anniversaire ?*

2. *Ça fait combien de jours
   que vous nous cherchez ?*

3. *Qu'est-ce que vous nous
   disiez avant ?*

4. *Depuis l'an dernier je n'ai
   pas reçu de nouvelles !*

B
1. Από πότε είστε στην
   Αθήνα;
   **apo potè ìstè stin
   athina.**

2. Χτες ήμουν στο
   σπίτι !
   **khtès ìmoun sto
   spìti !**

3. Πριν ήμουν
   υπάλληλος !
   **prin ìmoun
   ipalilos !**

4. Χτες ήμουν πολύ
   κουρασμένος !
   **khtès ìmoun
   kourazmènos !**

De-depuis

1. Il vient (est) de la ville.
2. J'attends quelque chose de toi.
3. A partir de demain.
4. Je travaille depuis ce matin.
5. Depuis le jour où tu es parti !

Sur/dessus

6. Les paquets sont là-dessus !

7. L'appartement du dessus.

Sous/dessous

8. C'est sous le siège !

9. Ils font du bruit au-dessous de chez vous !

Vers

10. Il arrive vers midi.
11. Ils se dirigent vers le marché.
12. Ils sont partis vers la gare
13. On allait vers la mer.

A...

14. Ils sont en ville.
15. Je vais à la foire.

apo · Από

1. èrkhètè apo tinn poli. — Έρχεται από την πόλη.
2. pèrimèno kati apo sèna. — Περιμένω κάτι από σένα.
3. apo avrio. — Από αύριο.
4. dhoulèvo apo to proi. — Δουλεύω από το πρωί.
5. apo ti mèra pou èfiyès ! — Από τη μέρα που έφυγες!

pano · Πάνω

6. eki pano inè ta pakèta ! — Εκεί πάνω είναι τα πακέτα !
7. to pano dhyamèrizma — Το πάνω διαμέρισμα.

kato · Κάτω

8. inè kato apo to kathizma ! — Είναι κάτω από το κάθισμα !
9. kanoun thorivo apo kato ! — Κάνουν θόρυβο από κάτω !

kata-pros · Κατά-Προς

10. ftani kata tis dhodhèka. — Φτάνει κατά τις δώδεκα.
11. panè pros tinn aghora. — Πάνε προς την αγορά.
12. èfighan pros to stathmo. — Έφυγαν προς το σταθμό.
13. piyènamè pros ti thalasa. — Πηγαίναμε προς τη θάλασα.

stin-sto · Στην-Στο

14. inè stin poli. — Είναι στην πόλη.
15. pao sto paniyiri. — Πάω στο πανηγύρι.

■ από, a**po**, *de, depuis*
από, a**po**, *de* est suivi de l'accusatif:

> έχω ένα γράμμα από τον αδερφό μου !
> **è**kho **è**na **ghra**ma a**po** ton adh**è**r**fo** mou !
> *j'ai une lettre de mon frère !*

■ πάνω, **pa**no, *sur/dessus*
Suivant sa place dans la phrase πάνω, **pa**no peut signifier *sur, dessus, au-dessus...*

> πάνω στο πακέτο, **pa**no sto pak**è**to, *sur le paquet*
> το πάνω πακέτο, to **pa**no pak**è**to, *le paquet du dessus*
> (m.a.m. le dessus paquet)

■ κάτω, **ka**to, *sous/dessous*
Suivant sa place dans la phrase κάτω, **ka**to peut signifier *sous dessous, au-dessous., en bas*

> Μας περιμένει κάτω ! mas pèrim**è**ni **ka**to !
> *il nous attend en bas !*
> το κάτω δωμάτιο, to **ka**to dho**ma**tio,
> *la chambre du dessous.*
> (m.a.m. la dessus chambre)
> είναι κάτω από το βιβλίο, i**nè ka**to a**po** to vi**vli**o,
> *c'est sous le livre*
> (m.a.m. c'est sous le livre)

■ κατά, ka**ta**, *vers*
  προς, pros, *vers*
κατά, ka**ta** et προς, pros, expriment la direction et le temps et sont également suivis de l'accusatif:

> **è**rkh**è**tè ka**ta** tis **dhi**o, *il vient vers deux (heures)*
> pa**mè** pros tin po**li**, *nous allons vers la ville !*

⇨ **RAPPEL**
στο, sto, *au* est la contaction de σε+το, se+to, *a+le*
στην, stin, *à la* est la contraction de σε+την,se+tin, *à+la*

A Que veut dire en français ?

1. Έρχεται από την   èrkhètè a**po** tin
    αγορά!   agho**r**a !
2. Από χτες το πρωί!   a**po** khtès to pro**i** !
3. Η πάνω βαλίτσα !   i **p**ano vali**t**sa !
4. Φτάνω κατά τις δύο   **f**tano kata tis **dhi**o !

B Comment dire en grec ?

1. *Ils sont au marché !*   3. *Ils font du bruit*
2. *Tu es parti depuis ce*   *au-dessus !*
   matin !   4. *Ils sont partis vers la mer!*

SOLUTIONS

A 1. *Elle arrive du marché !*   3. *La valise du dessus !*
    2. *Depuis hier matin !*   4. *J'arrive vers deux heures !*

B 1. Είναι στην αγορά !   inè stin agho**r**a !
    2. Έφυγες απο το πρωί!   è**f**iyès a**po** to pro**i** !
    3. Κάνουν θόρυβο από   kanoun **th**orivo a**po**
      πάνω !   **p**ano !
    4. Έφυγαν προς τη   è**f**ighan pros ti
      θάλασσα !   **th**ala**s**a !

Avant

1. J'étais avant vous !
2. Appelle-moi avant de venir.

3. Je serai là avant cinq heures !

Après

4. Après l'accident il a perdu son emploi.

5. Il ne faut pas te baigner après le repas !

6. Il a téléphoné après l'annonce.

Devant

7. J'attendrai devant l'église.

8. Il y un parking devant l'hôtel.

Derrière

9. Les toilettes sont derrière la porte.

10. L'agence de voyages est derrière vous !

Pendant

11. Pendant les travaux le café reste ouvert.

prin

1. imoun(a) prin apo sas.
2. tilèfonisè mou prin èrthis.
3. tha imè eki prin tis pèndhè.

Πριν

1. Ήμουν(α) πριν από σας.
2. Τηλεφώνησέ μου πριν έρθεις.
3. Θα είμαι εκεί πριν τις πέντε.

mèta

4. mèta to atikhima èkhasè ti dhoulia tou.
5. dhèn kani na kolimbas mèta to fayito !
6. tilèfonisè mèta tin anghèlia.

Μετά

4. Μετά το ατύχημα έχασε τη δουλειά του.
5. Δεν κάνει να κολυμπάς μετά το φαγητο !
6. Τηλεφώνησε μετά την αγγελία.

brosta

7. tha pèrimèno brosta stin èklisia.
8. èkhi èna parking brosta sto xènodhokhio

Μπροστά

7. Θα περιμένω μπροστά στην εκκλησία.
8. Έχει ένα πάρκινγκ μπροστά στο ξενοδοχείο.

piso

9. i toualètès inè piso apo tin porta.
10. to praktorio taxidhion inè apo piso sas !

Πίσω

9. Οι τουαλέτες είναι πίσω από την πόρτα.
10. Το πρακτορείο ταξιδίων είναι από πίσω σας.

kata tin dhyarkia

11. kata tin dyarkia ton èrghon to kafènio paramèni anikhto.

Κατά την διάρκεια

11. Κατά την διάρκεια των έργων το καφενείο παραμένει ανοιχτό.

■ πριν, prin, *avant*

Quand πριν, prin, *avant* est suivi d'une phrase, , le verbe de la subordonnée est mis au subjonctif continu ou momentané:

    Πείτε μου πριν έρθετε !

    pitè mou prin **è**rthètè ! *Dites-moi avant de venir !*

(après πριν, prin on enlève le να, na, *que* du subjonctif)

● πριν, prin, *avant* est suivi de l'accusatif:

    πριν τις δύο, prin tis **dhi**o, *avant deux heures*

⇨ RAPPEL:

l'expression *il y a* se traduit par πριν, prin, *avant*

    πριν δύο μέρες, prin **dhi**o **mè**rès, *il y a deux jours*

■ μετά, mè**ta**, *après*

    μετά, mè**ta**, *après* est suivi de l'accusatif:

    μετά την εκκλησία, mè**ta** tin èkli**si**a, *après l'église*

■ μπροστά, bro**sta**, *devant* est suivi de l'accusatif:

    μπροστα στην πόρτα, bro**sta** stin **po**rta,

    devant la porte

⇨ **RETENEZ**

    πριν από σας, prin a**po** sas, m.a.m. *avant de vous*

    πίσω από την πόρτα , **pi**so a**po** tin **po**rta

    m.à.m.*derrière de la porte*.

A Que veut dire en français ?

1. Πριν από μας !　　　　prin a**po** mas !
2. Μετά από σας !　　　　Me**ta** a**po** sas !
3. Πίσω μας είναι !　　　　**pi**so mas i**nè** !
4. Κατά τη διάρκεια　　　 ka**ta** ti **dhya**rkia tis
　 της απεργίας !　　　　　a**pè**r**yi**as !

B Comment dire en grec ?

1. *Devant toi !*　　　　　3. *Avant le repas !*
2. *Après le travail !*　　　4. *Derrière l'hôtel !*

SOLUTIONS

A 1. *Avant nous !*　　　　3. *Ils sont derrière nous !*
　 2. *Après vous !*　　　　4. *Pendant la grève !*
　　　　　　　　　　　　　 (m.a.m. Pendant la durée
　　　　　　　　　　　　　 de la grève)

B 1. Μπροστά σου !　　　　bro**sta** sou !
　 2. Μετά τη δουλειά !　　 mè**ta** ti dhou**lia** !
　 3. Πριν το φαγητό !　　　prin to fayi**to** !
　 4. Πίσω από το　　　　　**pi**so a**po** to
　　　ξενοδοχείο !　　　　　xèno**do**khio !

1. C'est mieux qu'avant !
2. C'était pire que maintenant !

3. Elle est meilleure que lui !
4. Il est pire qu'elle !

5. Votre chambre est plus grande que la nôtre.

6. Ma voiture est plus rapide que la tienne.

7. La mer en Grèce est plus chaude qu'en France.

8. Nous passerons plus tard.
9. Nous nous réveillerons plus tôt.

10. Tes hors d'oeuvres sont aussi savoureux que ceux du restaurant !

11. Les prix sont souvent aussi élevés qu'en France !

12. Le voyage le plus long de ma vie !

13. Février est le mois le plus froid de l'année !

1. inè kalitèra apo prin !   Είναι καλύτερα από πριν!
2. itan khirotèra apo tora !   Ήταν χειρότερα από τώρα!

3. inè kalitèri apo afton !   Είναι καλύτερη από αυτόν!
4. inè khirotèros apo aftin !   Είναι χειρότερος από αυτήν!

5. i kamari sas inè pio   Η κάμαρή σας είναι πιο
   mèghali apo ti dhikia mas!   μεγάλη από τη δικηά μας!

6. to aftokinito mas inè   Το αυτοκίνητό μας είναι
   pio ghrighoro apo to   πιο γρήγορο από το δικό
   dhiko sas   σας.

7. i thalasa stin èladha inè   Η θάλασσα στην Ελλάδα
   pio zèsti apo oti   είναι πιο ζεστή από ότι
   sti ghalia!   στη Γαλλία!

8. tha pèrasoume pio argha.   Θα περάσουμε πιο αργά.
9. tha xipnisoumè pio noris!   Θα ξυπνήσουμε πιο νωρίς.

10. ta orèkhtika sou inè   Τα ορεχτικά σου είναι
    èxisou kala mè tis   εξίσου καλά με της
    tavèrnas!   ταβέρνας!

11. i timès inè èxisou   Οι τιμές είναι εξίσου
    ipsilès mè tis ghalias!   υψηλές με της Γαλλίας!

12. to makritèro taxidhi tis   Το μακρύτερο ταξίδι της
    zois mou !   ζωής μου!

13. o fèvrouarios inè o pio   Ο Φεβρουάριος είναι ο πιο
    krios minas tou khronou!   κρύος μήνας του χρόνου!

■ Comparaison par adjectif

Pour comparer, en grec, on ajoute le mot πιο, pio avant et le mot από, **apo** après l'adjectif (nous rappelons que l'adjectif s'accorde, comme en français, avec le nom en genre et en nombre).

το σπίτι μου είναι πιο μικρό από το σπίτι σου !

to s**pi**ti mou **inè** pio mi**kro apo** to dhi**ko** sou !

ma maison est plus petite que la tienne !

Si l'on connaît le comparatif de l'adjectif on peut reformuler la phrase comme suivant:

το σπίτι μου είναι μικρότερο από το δικό σου !

to s**pi**ti mou **inè** mi**kro**tèro a**po** to dhi**ko** sou

Ma maison est plus petite que la tienne

● On reconnaît le comparatif d'un adjectif aux terminaisons:
-τερος, -tèros (m) /-τερη, tèri (f) / -τερο, tèro (n)

μακρύτερο, ma**kri**tero, *plus long*

■ Comparaison par adverbe

On l'obtient en ajoutant le mot pio devant l'adverbe

είναι πιο καλά εδώ ! **inè** pio ka**la** e**dho** ! *c'est mieux ici !*

m.a m. c'est plus bien ici !

■ Comparaisons d'égalité

Les grecs n'emploient pas beaucoup de formules exprimant la comparaison d'égalité. on préférera dire:

οι τιμές είναι οι ίδιες με της Γαλλίας !

i ti**mès** **inè** i**dhyès** **mè** tis gha**li**as !

m.à m. les prix sont les mêmes que ceux en France !

au lieu de

οι τιμές είναι εξίσου υψηλές με της Γαλλίας !

i ti**mès** **inè** **èxi**sou ipsi**lès** **mè** tis gha**li**as !

les prix sont aussi élevés qu'en France !

● on forme le superlatif d'après le comparatif précéde de l'article défini correspondant.

το πιο ακριβό ! to pio akri**vo** ! *c'est le plus cher !*

A Que veut dire en français ?

1. Είναι χειρότερα από   inè khirotèra apo
   πριν !   prin !
2. Το παιδί μου είναι   to pèdhi mou inè
   πιο μικρό !   pio mikro !
3. Είναι πιο ζεστό το   to nèro inè pio
   νερό εδώ !   zèsto èdho !
4. Είναι το πιο κρύο   inè to pio krio
   δωμάτιο !   dhomatio !

B Comment dire en grec ?

1. *Venez plus tard !*   3. *Elle est plus jeune !*
2. *Cherchez mieux !*   4. *C'est plus grand !*

SOLUTIONS

A 1. *C'est pire qu'avant !*   3. *L'eau est plus chaude ici !*
2. *Mon enfant est plus*   4. *C'est la chambre la plus*
   jeune !   *froide !*
                                    (m.a.m. Pendant la durée
                                    de la grève)

B 1. Ελάτε πιο αργά !   èlatè pio argha !
2. Ψάξτε καλύτερα !   psaxtè kalitèra !
3. Είναι πιο μικρή !   inè pio mikri !
4. Είναι πιο μεγάλο !   inè pio mèghalo !

je pars	fèvgho	φεύγω
je m'arrête	stamato	σταματώ
le voyage	to taxidhi	το ταξίδι
aller retour	piyènèla	πήγαινέλα
le départ	i anakhorisi	η αναχώρηση
l'arrivée	i afixi	η άφιξη
l'arrêt	i stasi	η στάση
directement	katèfthian	κατευθείαν
le taxi	to taxi	το ταξί
la voiture	to aftokinito	το αυτοκίνητο
l'autobus	to leoforio	το λεωφορείο
l'autocar	to poulman	το πούλμαν
le camion	to fortigho	το φορτηγό
le train	to trèno	το τραίνο
en train	sidhrodhromikos	σιδηροδρομικώς
le bateau	to plio	το πλοίο
en bateau	aktoploikos	ακτοπλοικώς
l'avion	to aèroplano	το αεροπλάνο
en avion	aèroporikos	αεροπορικώς
la moto	i motosiklèta	η μοτοσυκλέτα
le vélo	to podhilato	το ποδήλατο
l'aéroport	to aèrodhromio	το αεροδρόμιο
la gare	o stathmos	ο σταθμός
le billet	to isitirio	το εισιτήριο
le guichet	i thiridha	η θυρίδα
la classe	i thèsi	η θέση
- première	- proti	- πρώτη
- seconde	- dhèftèri	- δεύτερη
- troisième	- triti	- τρίτη
les bagages	i aposkèvès	οι αποσκευές
le contrôle	o èlènkhos	ο έλεγχος
la ligne	i ghrami	η γραμμή
le trajet	to dhromiologhio	το δρομολόγιο
la route	o dhromos	ο δρόμος
le quai	i apovathra	η αποβάθρα
le passager	o èpivatis	ο επιβάτης
le permis	i adhia	η άδεια
l'entrée	i isodhos	η είσοδος
la sortie	i èxodhos	η έξοδος

A Que veut dire en français ?

1. Θέλω ένα εισιτήριο,   **thè**lo **è**na isitirio
   πρώτη θέση !   **pro**ti **thè**si !
2. Φεύγουμε αεροπορικώς.   **fè**vghoumè aèropori**kos**
3. Πού είναι η είσοδος;   pou **i**nè i **i**sodhos ?

B Comment dire en grec ?

1. A quelle heure passe   3. Je dois louer une voiture !
   l'autobus ?
2. Où y a-t-il un arrêt?

SOLUTIONS

A 1. Je veux un billet,   2. Nous partons en avion.
     première classe.   3. Où est l'entrée ?

B 1. Τι ώρα περνάει το   ti **o**ra pèr**nai** to
      λεωφορείο;   **lè**ofo**ri**o ?
     2. Πού έχει στάση;   pou **è**khi **sta**si ?
     3. Πρέπει να νοικιάσω   **prè**pi na ni**kia**so
      αυτοκίνητο !   afto**ki**nito !

Autobus et taxis...

Il y a l'*autobus local* το αστικό (to asti**ko**), et le *bus interur-bain* το υπεραστικό (to ipèrasti**ko**) appelé souvent ΚΤΕΛ (KTEL). Le taxi reste bien sûr bon marché mais il est inutile de le chercher aux *heures de pointe* ώρες αιχμής (orès è**kh-mis**) et au centre ville. Si les taxis ne s'arrêtent pas, bien que marqués *libre* ελεύθερο (è**lè**fthèro): soit c'est l'heure du *changement de service* η αλλαγή βάρδιας (i alla**yi va**rdhyas) soit ils vont dans une *direction* η κατεύθυνση (i ka**tè**fthinsi) inverse de la vôtre.

j'ai réservé	**kra**tisa	κράτησα
c'est complet	inè **pli**rès	είναι πλήρες
je préférerais	tha proti**mou**sa	θα προτιμούσα
je la prends	to **pè**rno	το παίρνω
le prix	i ti**mi**	η τιμή
il comprend	simbèrilam**va**ni	συμπεριλαμβάνει
le supplément	to sim**bli**roma	το συμπλήρωμα
une chambre	to dho**ma**tio	το δωμάτιο
- un lit	-mono**kli**no	-μονόκλινο
- à deux lits	-**dhi**klino	-δίκλινο
- à trois lits	-**tri**klino	-τρίκλινο
libre	è**lè**fthèro	ελεύθερο
réservée	krati**mè**no	κρατημένο
l'étage	o **o**rofos	ο όροφος
la clé	to kli**dhi**	το κλειδί
la salle de bains	o loutrokabi**nès**	ο λουτροκαμπινές
le lavabo	to lava**bo**	ο νιπτήρας
la baignoire	i ban**iè**ra	το μπάνιο
les toilettes	i toua**lè**tès	οι τουαλέτες
la chasse d'eau	to kaza**na**ki	το καζανάκι
l'oreiller	to maxi**la**ri	το μαξιλάρι
le drap	to **sèn**doni	το σεντόνι
c'est bruyant !	**è**khi **tho**rivo !	έχει θόρυβο !
c'est calme !	**è**khi isi**khi**a !	έχει ησυχία !
c'est claire !	inè fo**ti**no !	είναι φωτεινό !
c'est sombre !	inè sko**ti**no !	είναι σκοτεινό !
c'est spacieux !	inè evri**kho**ro !	είναι ευρύχωρο !
ça donne sur	**dhi**ni sè...	δίνει σε...
la femme de chambre	i kamary**è**ra	η καμαριέρα
le pourboire	to filo**dho**rima	το φιλοδώρημα
réveillez-moi !	xip**ni**stè me !	ξυπνήστε με !
prevenez-moi !	idhipoii**stè** mè !	ειδοποιήστε με !
donnez-moi !	**dho**stè mou !	δώστε μου !
le message	to **mi**nima	το μήνυμα
s'il vous plaît !	sas paraka**lo** !	σας παρακαλώ !
veuillez		
-descendre	-katè**va**stè !	-κατεβάστε !
-monter	-anè**va**stè !	-ανεβάστε !
-appeler	-fo**na**xtè !	-φωνάξτε !

A Que veut dire en français ?

1. Σας κράτησα ένα   sas **kra**tisa **è**na
   δωμάτιο !   dho**ma**tio !
2. Μπορείτε να   bo**ri**tè na
   κατεβάστε τις   katè**va**stè tis
   βαλίτσες μου;   va**li**tsès mou ?
3. Πού είναι οι   pou i**nè**
   τουαλέτες;   i toua**lè**tès ?

B Comment dire en grec ?

1. Est-ce que c'est calme ?   3. Donnez-moi la clé, s'il
2. C'est très spacieux !   vous plaît !

SOLUTIONS

A 1. *Je vous ai réservé une*   2. *Pouvez-vous descendre*
      chambre.   *nos valises ?*
                            3. *Où sont les toilettes ?*

B 1. Έχει ησυχία;   **è**khi isi**khi**a ?
    2. Είναι πολύ ευρύχωρο !   i**nè** po**li** è**vri**khoro !
    3. Δώστε μου το κλειδί !   **dho**stè mou to kli**dhi** !

Les hôtels grec

Les hôtels sont classés par *catégorie* η κατηγορία (i katigho-
ria) - classement analogue à celui des étoiles - *première* πρώ-
τη (**pro**ti), *deuxième* δεύτερη (**dhè**ftèri) et *troisième* τρίτη
(**tri**ti). Les chambres sont *à un lit* μονόκλινο (mo**no**klino), *à
deux lits* δίκλινο (**dhi**klino). Certains hôtels proposent des
formules de *pension complète* πλήρης διατροφή (**pli**ris dhya-
tro**fi**), ou de *demi-pension* ημιδιατροφή (imidhyatro**fi**)..

89

la chambre	to dho**ma**tio	το δωμάτιο
l'appartement	to dhya**mè**rizma	το διαμέρισμα
-à louer	- enikia**zo**mèno	-ενοικιαζόμενο
meublé	epiplo**mè**no	επιπλωμένο
la cuisine	i kou**zi**na	η κουζίνα
la salle à manger	i salotrapè**za**ria	η σαλοτραπεζαρία
la vaisselle	ta pia**ti**ka	τα πιατικά
le frigo	to psi**yi**o	το ψυγείο
l'évier	o nèro**khi**tis	ο νεροχύτης
la gazinière	i gazi**niè**ra	η γκαζινιέρα
le four	o **four**nos	ο φούρνος
l'armoire	i dou**la**pa	η ντουλάπα
la poubelle	o skoupidhotènè**kès**	ο σκουπιδοτενεκές
la fenêtre	to pa**ra**thiro	το παράθυρο
le balcon	to bal**ko**ni	το μπαλκόνι
la terrasse	i ta**ra**tsa	η ταράτσα
l'électricité	to **rèv**ma	το ρεύμα
l'eau	to **nè**ro	το νερό
-chaude	-zè**sto**	-ζεστό
-froide	-**kri**o	-κρύο
le chauffeau	o thèrmo**si**phonas	ο θερμοσίφωνας
-électrique	-ilèktri**kos**	-ηλεκτρικός
-solaire	-ilia**kos**	-ηλιακός
allumer	a**na**vo	ανάβω
éteindre	**svi**no	σβήνω
ça fonctionne	dhou**lè**vi	δουλεύει
c'est bouché	**vou**losè	βούλωσε
l'ampoule	o **ghlo**mbos	ο γλόμπος
l'interrupteur	o dhya**ko**ptis	ο διακόπτης

A Que veut dire en français ?

1. Είναι επιπλωμένο;   inè èpiplomèno ?
2. Λειτουργεί ο   litourghi o
   θερμοσίφωνας;   thèrmosiphonas ?
3. Δεν ανοίγει το   dhèn anighi to
   παράθυρο !   parathiro !

B Comment dire en grec ?

1. Le lavabo est bouché !   3. Le four est en panne !
2. Il n'y a pas de courant !

SOLUTIONS

A 1. C'est meublé ?   3. La fenêtre ne s'ouvre pas !
2. Est-ce que le chauffeau
   marche ?

B 1. Ο νιπτήρας βούλωσε !   o niptiras voulosè !
2. Δεν έχει ρεύμα !   dhèn èkhi rèvma !
3. Ο φούρνος χάλασε !   o fournos khalasè !

Chez l'habitant

Pour vivre à la grecque, prenez une chambre chez l'habitant, reconnaissable aux panneaux indicateurs ornant les murs des maisons: *Chambres à louer* ENOKIAZONTAI ΔΩΜΑΤΙΑ (ènikiazondè dhomatia). C'est moins cher, plus convivial mais parfois plus bruyant qu'à l'hôtel...
Si vous voulez constater les bienfaits de l'autogestion, louez dans des *Coopératives Agrotouristiques Féminines* Γυναικείος Αγροτοτουριστικός Συνεταιρισμός (yinèkios aghrototouristikos sinètèrizmos), animées exclusivement par des femmes.

la rue	i o**dhos**	η οδός
l'avenue	i lèo**fo**ros	η λεωφόρος
la banlieue	to pro**a**stio	το προάστιο
le quartier	i sini**ki**a	η συνοικία
le centre ville	to **kè**ndro	το κέντρο
la place	i pla**ti**a	η πλατεία
l'adresse	i **dyè**fthinsi	η διεύθυνση
l'immeuble	i polikati**ki**a	η πολυκατοικία
l'appartement	to dya**mè**rizma	το διαμέρισμα
la police	i astino**mi**a	η αστυνομία
la gendarmerie	i khorofila**ki**	η χωροφυλακή
la mairie	to dhimar**khi**o	το δημαρχείο
les pompiers	i piro**zvè**stès	οι πυροσβέστες
la poste	to takhdhro**mi**o	το ταχυδρομείο
l'église	i èkli**si**a	η εκκλησία
l'école	to skho**li**o	το σχολείο
le carrefour	i dhya**sta**vrosi	η διασταύρωση
le sens unique	o mono**dh**romos	ο μονόδρομος
l'impasse	i a**dhyè**xodhos	η αδιέξοδος
c'est interdit de stationner	apagho**rè**vètè i **sta**thmèfsi	απαγορεύεται η στάθμευση
il/elle est situé(e)	**vri**skètè	βρίσκεται
voici, voilà	na	να
ici-là (bas)	e**dho**-è**ki**	εδώ-εκεί
l'arrêt	i **sta**si	η στάση
la gare	o sta**thmos**	ο σταθμός
la station service	to vèn**zina**dhiko	το βενζινάδικο
la contravention	to **pro**stimo	το πρόστιμο

A **Que veut dire en français ?**

1. Προσοχή, είναι
μονόδρομος !
prosokhi, inè
monodhromos !

2. Έχω τη διεύθυνση !
èkho ti dhyèfthinsi !

3. Πού βρίσκεται η
αστυνομία;
pou vriskètè i
astinomia ?

B **Comment dire en grec ?**

1. La place est là-bas !

2. Voici le centre !

3. Savez-vous où il y a une
station d'essence ?

SOLUTIONS

A 1. Attention, c'est sens
unique !

2. J'ai l'adresse !

3. Où se trouve la police ?

B 1. Εκεί είναι η πλατεία !
èki inè i platia !

2. Να το κέντρο !
na to kèndro !

3. Ξέρετε κανένα
βενζινάδικο;
xèrètè kanèna
vènzinadhiko ?

le père	o patèras	ο πατέρας
la mère	i mitèra	η μητέρα
la grand-mère	i yaya	η γιαγιά
le grand père	o papous	ο παπούς
les parents (1)	i ghonis	οι γονείς
chez mes parents	stous ghonis mou	στους γονείς μου
les parents (2)	i singhènis	οι συγγενείς
le mari/époux	o andhras/sizighos	ο άνδρας-σύζυγος
la femme/épouse	i yinèka/sizighos	η γυναίκα-σύζυγος
les enfants	ta pèdhya	τα παιδιά
le frère	o adhèrfos	ο αδερφός
la soeur	i adhèrfi	η αδερφή
le garçon	to aghori	το αγόρι
la fille	to koritsi	το κορίτσι
le cousin	o xadhèrfos	ο ξάδερφος
la cousine	i xadhèrfi	η ξαδέρφη
le neveu	o anipsios	ο ανηψιός
la nièce	i anipsia	η ανηψιά
le petit fils	o enghonos	ο εγγονός
la petite fille	i enghoni	η εγγονή
le beau-frère	o ghambros	ο γαμπρός
la belle-fille	i nifi	η νύφη
le beau-père	o kouniadhos	ο κουνιάδος
la belle-mère	i kouniadha	η κουνιάδα
célibataire	èlèfthèros(i)	ελεύθερ-ος, -η
le mariage civil	o politikos ghamos	ο πολιτικός γάμος
religieux	o thriskèftikos ghamos	ο θρησκευτικός γάμος
marié	pandrèmèn-os,-i	παντρεμέν-ος, -η
le divorce	to dhyaziyio	το διαζύγιο
divorcé(e)	chorizmèn-os,-i	χωρισμέν-ος, -η
l'anniversaire	ta yènèthlia	τα γενέθλια
jeune	nèos-nèa	νέος-νέα
vieux	ilikiomènos-i	ηλικωμέν-ος, -η
le decès	o thanatos	ο θάνατος
veuf, veuve	khiros, khira	χήρος, χήρα

A Que veut dire en français ?

1. Είναι ο σύζυγός μου !   inè o **si**zi**ghos** mou !
2. Πόσα παιδιά έχετε;   po**sa** pè**dhya** èkhètè ?
3. Οι γονείς μου είναι   i gho**niz** mou **i**nè
   ηλικωμένοι !   iliko**mèni** !

B Comment dire en grec ?

1. Il est divorcé !   3. Connaissez-vous mes
2. Voici ma famille.   enfants ?

SOLUTIONS

A 1. C'est mon mari !   3. Mes parents sont âgés.
2. Vous avez combien
   d'enfants ?

B 1. Είναι χωρισμένος !   inè khoriz**mè**nos !
2. Να η οικογένειά μου.   na i iko**yè**nia mou
3. Γνωρίζετε τα παιδιά   ghno**ri**zètè ta pè**dhya**
   μου;   mou ?

La famille
La famille grecque η ελληνική οικογένεια (i èlini**ki** iko**yè**nia)
est typiquement *méditerranéenne* μεσογειακή (mèsoya**ki**);
les liens οι δεσμοί (i dhè**zmi**) entre ses membres sont très
étroits et *la désunion* ο χωρισμός (o khoriz**mos**) est très mal
vue et vécue. Grand parents, parents et enfants habitent sou-
vent sous le même toit; ce qui ne va pas sans problèmes:
conflits διαμάχες (dhya**ma**khès), *disputes* καβγάδες (kav-
ghadhès), et *drames familiaux* οικογενειακά δράματα
(iko**yè**nia**ka dhra**mata) occupent souvent une grande partie
de la vie familiale...

je mange	troo	τρώω
je bois	pino	πίνω
je goûte	dhokimazo	δοκιμάζω
je jeûne	nistèvo	νηστεύω
j'ai faim	pinao	πεινάω
j'ai soif	dhipsao	διψάω
c'est	inè	είναι
chaud froid	krio-zèsto	κρύο-ζεστό
lourd-léger	vari-èlafri	βαρύ-ελαφρύ
la table	to trapèzi	το τραπέζι
l'assiette	to piato	το πιάτο
le couteau	to makhèri	το μαχαίρι
la cuillère	to koutali	το κουτάλι
le verre	to potiri	το ποτήρι
le tire-bouchon	to anikhtiri	το ανοιχτήρι
la salière	i alatièra	η αλατιέρα
hors-d'oeuvre	orèkhtiko	ορεχτικό
des grillades	tis oras	της ώρας
de la viande	krèas	κρέας
du poisson	psari	ψάρι
le sel	to alati	το αλάτι
le poivre	to pipèri	το πιπέρι
la moutarde	i moustardha	η μουστάρδα
la sauce	i saltsa	η σάλτσα
le petit-déjeuner	to proino	το πρωινό
la collation	to kolatsio	το κολατσιό
le déjeuner	to mèsimèryano	το μεσημεριανό
le dîner	to dhipno	το δείπνο
le menu	to mènou	το μενού
servir	sèrviro	σερβίρω
le serveur	o sèrvitoros	ο σερβιτόρος
la commande	i paranghèlia	η παραγγελία
l'addition	o logharyazmos	ο λογαριασμός
le pourboire	to filodhorima	το φιλοδώρημα
la rôtisserie	i psistarya	η ψησταριά
la taverne à poisson	i psarotavèrna	η ψαροταβέρνα
le restaurant	to èstiatorio	το εστιατόριο
qu'en est-il ?	ti èyinè	τι έγινε;

A Que veut dire en français ?

1. Τι φαγητά έχετε;   ti fayi**ta èk**hètè ?
2. Περιμένουμε το   pèri**mè**noumè to
   σερβιτόρο !   sèrvi**to**ro !
3. Τι έγινε η   ti **è**yinè i
   παραγγελία;   paranghè**li**a ?

B Comment dire en grec ?

1. J'ai très faim !   3. L'addition, s'il vous plaît !
2. Connaissez-vous une
   bonne taverne ?

SOLUTIONS

A 1. Qu'est-ce que vous   3. Qu'en est-il de la com-
     avez comme plats ?   mande ?
   2. Nous attendons le serveur !

B 1. Πεινάω πολύ !   pin**a**o po**li** !
   2. Ξέρετε καμμία καλή   **x**è**rè**tè ka**mi**a ka**li**
     ταβέρνα;   ta**vè**rna ?
   3. Το λογαριασμό,   to loghary**a**z**mo**
     παρακαλώ !   paraka**lo** !

Le petit déjeuner

Le vrai *petit déjeuner* appelé πρωινό (proi**no**) et πρόγευμα
(**pro**yèvma) est composé d'un café grec au *lait* γάλα (**gha**la)
accompagné de *pain grillé paysan* το παξιμάδι (to paxi**ma**-
di), sans beurre et sans confiture...Pas étonnant, si les grecs
ont conservé *la collation* το κολατσιό (to kola**tsio**): en ville,
on les voit généralement vers les dix-onze heures se ruer
dans les τυροπιττάδικα (tiropi**ta**dhika) pour manger des
feuilletés au fromage τυρόπιττα (ti**ro**pita) et des *feuilletés à la
crème* μπουγάτσα (bou**gha**tsa)...

l'huile d'olive	to èl**è**oladho	το ελαιόλαδο
l'huile	to **la**dhi	το λάδι
l'origan	i **ri**ghani	η ρίγανη
le sel	to ati	το αλάτι
légumes frais	lakhani**ka fr**è**s**ka	λαχανικά
légumes secs	**o**spria	όσπρια
les courgettes	ta kolokit**ha**kia	τα κολοκυθάκια
les pommes de terre	i pata**t**ès	οι πατάτες
les haricots	ta fas**o**lia	τα φασόλια
-géants	-**yì**yandès	-γίγαντες
-verts	-**frè**ska	-φρέσκα
la viande		
-hachée	o ki**mas**	ο κυμάς
-au four	**krè**as sto **fou**rno	κρέας στο φούρνο
-à la casserole	katsar**o**las	κατσαρόλας
-bouillie	vras**to**	βραστό
côtelettes	i briz**o**lès	οι μπριζόλες
les boulettes	i kè**ftè**dhès	οι κεφτέδες
le veau	to mos**kh**ari	το μοσχάρι
l'agneau	to ar**ni**	το αρνί
le porc	to khiri**no**	το χοιρινό
frais	**frè**sko	φρέσκο
congelé	katèpsi**gh**mè**no	κατεψυγμένο
feuilles de vigne	ta dolma**dha**kia	τα ντολμαδάκια
les olives	è**liè**s	οι ελιές
le poisson	to **ps**ari	το ψάρι
-frit	-tighani**to**	-τηγανιτό
-grillé	-sti **skh**ara	-στη σχάρα
la poulpe	to khta**po**dhi	το χταπόδι
le rouget	to bar**bou**ni	το μπαρμπούνι
la morue	o baka**liaro**s	ο μπακαλιάρος
dedans	**mè**sa	μέσα
sans	**dhi**khos	δίχως
avec	mè	με
ça sent bon !	mi**ri**zi or**è**a	μυρίζει ωραία

A Que veut dire en français ?

1. Θα ήθελα χοιρινό   tha **i**thèla khiri**no**
   με πατάτες !   mè pata**tès** !
2. Δίχως λάδι,   **dhi**khos **la**dhi
   παρακαλώ !   paraka**lo** !
3. Με τι σερβίρετε το   mè ti sèr**vi**rètè to
   κρέας;   **krè**as ?

B Comment dire en grec ?

1. Il n'y a pas de sel !   *2. La viande est*
                 fraîche ou congélée ?

SOLUTIONS

A *1. Je voudrais du porc avec*   *3. Avec quoi la viande est-*
     des pommes de terre.   *elle servie ?*
     2. Sans huile, s'il vous plaît !

B 1. Δεν έχει αλάτι!   dhèn **è**khi a**la**ti !
    2. Το κρέας είναι φρέσκο   to **krè**as inè **frè**sko
       ή κατεψυγμένο;   **i** katèpsi**ghmè**no ?

Spécialités gastronomiques
Goûtez au *résiné* η ρετσίνα, ce vin blanc à la résine de pin *désaltérant* δροσιστικό (dhrosisti**ko**) et léger pouvant accompagner tous les plats. A l'opposé du *résiné* on trouve η μαυροδάφνη (i mavro**dha**fni), *vin rouge moelleux* devenu sacré car utilisé dans la préparation de l'*hostie* η αγία κοινωνία (i a**yi**a kino**ni**a). Pour les amateurs de vins *non résinés* αρετσίνωτα (arè**tsi**nota) citons le *rouge* ερυθρός οίνος (èri**thros** inos) de la région de Naousa (nord de la Grèce) et de Némèa (Argholide), et le *blanc sec* λευκός οίνος ξηρός (lè**fkos** inos xi**ros**) d'Achaia et de Rhodes.

je m'asseois	kathomè	κάθομαι
je discute	sizito	συζητώ
je picore	tsimbao	τσιμπάω
en compagnie	parèa	με παρέα
la boisson	to poto	το ποτό
-fraîche	to anapsiktiko	το αναψυκτικό
l'eau minérale	to mètaliko nèro	το μεταλλικό νερό
le jus d'orange	khimos portokali	χυμός πορτοκάλι
l'orangeade	i portokaladha	η πορτοκαλάδα
-gazeuse	-mè anthrakiko	-με ανθρακικό
la limonade	i lèmonadha	η λεμονάδα
-gazeuse	-mè anthrakiko	-με ανθρακικό
la paille	to kalamaki	το καλαμάκι
des glaçons	paghakia	παγάκια
le café grec	o èlinikos kafès	ο ελληνικός καφές
-sucré	-ghlikis	-γλυκύς
-demi-sucré	-mètrios	-μέτριος
-sans sucre	-skètos	-σκέτος
le café frappé	o frapès	ο φραπές
fruits secs	xiri karpi	ξηροί καρποί
un plat de hors d'œuvres	mia pikilia	μία ποικιλία
le dessert	to ghliko	το γλυκό
la glace	to paghoto	το παγωτό
le sorbet	i ghranita	η γρανίτα
la tourte	i tourta	η τούρτα
des beignets	i loukoumadhès	οι λουκουμάδες
le feuilleté		
-au fromage	i tiropita	η τυρόπιττα
-à la crème	i boughatsa	η μπουγάτσα
un morceau	èna komati	ένα κομμάτι
un plateau	o diskos	ο δίσκος
le cendrier	to stactodhokhio	το σταχτοδοχείο
la tasse	to flitzani	το φλυτζάνι

A Que veut dire en français ?

1. Έχετε παγωτό   èkhètè paghoto
   γρανίτα;   ghranita ?
2. Ένα καφέ μέτριο,   èna kafè mètrio,
   παρακαλώ !   parakalo !

B Comment dire en grec ?

1. *Nous sommes ensemble.*
2. *Est-ce que vous servez des gâteaux ?*
3. *Avez-vous des glaçons ?*
4. *Je veux une citronnade gazeuse !*

SOLUTIONS

A 1. *Avez-vous des sorbets ?*   2. *Un café demi-sucré, s'il vous plaît !*

B
1. Είμαστε παρέα   imastè parèa
2. Σερβίρετε γλυκά;   sèrvirètè ghlika ?
3. Έχετε παγάκια;   èkhètè paghakia ?
4. Θέλω μία λεμονάδα   thèlo mia lèmonadha
   με ανθρακικό!   me anthrakiko !

Le café frappé

La troisième boisson nationale, après le résiné et le café grec, c'est le café frappé appelé aussi νεσκαφέ du nom du fabricant ! On le boit sucré, avec du lait, chaud ou avec des glaçons et de préférence après la sieste, c'est à dire après sept heures du soir...

Pour réussir un bon "nes": à l'aide d'une cuillère on dissoud le café mélangé avec du sucre dans quelques gouttes d'eau jusqu'à obtenir une crème; ensuite on verse, progressivement, le reste de l'eau ou de lait, tout en remuant doucement.

j'achète	agho**razo**	αγοράζω
je dépense	xo**dhè**vo	ξοδεύω
je paie	pli**ro**no	πληρώνω
j'échange	a**la**zo	αλλάζω
je cherche	**psa**khno	ψάχνω
je regarde	ki**ta**zo	κοιτάζω
le prix	i ti**mi**	η τιμή
les défauts	ta è**la**tomata	τα ελαττώματα
la caisse	to ta**mio**	το ταμείο
le caissier-ère	o ta**mi**as	ο ταμίας
la facture	i a**po**dhixi	η απόδειξη
l'argent	to **khri**ma	το χρήμα
la monnaie	ta psi**la**	τα ψιλά
le billet	to isi**ti**rio	το εισιτήριο
cash	mètri**ta**	μετρητά
par carte	mè **kar**ta	με κάρτα
en dévises	sè si**na**laghma	σε συνάλλαγμα
ça coûte	kos**ti**zi	κοστίζει
ça fait	**ka**ni	κάνει
les soldes	i èk**pto**sis	οι εκπτώσεις
commander	para**nghè**lno	παραγγέλνω
une occasion	èf**kè**ria	ευκαιρία
vendre	pou**lo**	πουλώ
vente	**po**lisi	πώληση
- en gros	- khondhri**ki**	- χονδρική
- au détail	- liani**ki**	- λιανική
le vendeur	poli**tis**	ο πωλητής
la vendeuse	po**li**tria	η πωλήτρια
le marché	i agho**ra**	η αγορά
le magasin	to magha**zi**	το μαγαζί
la boutique	i bou**tik**	η μπουτίκ
le supermarché	to soupèr**mar**kèt	το σουπερμάρκετ
l'horaire	to o**ra**rio	το ωράριο
c'est ouvert !	inè ani**khta** !	είναι ανοιχτά!
c'est fermé !	inè **kli**sta !	είναι κλειστά!
c'est cher !	inè ak**ri**va !	είναι ακριβά!
c'est bon marché !	inè **fti**na !	είναι φτηνά!

A Que veut dire en français ?

1. Έχει εκπτώσεις!   èkhi èk**pto**sis !
2. Μπορώ να πληρώσω   b**o**ro na pliroso
   με κάρτα;   mè **ka**rta ?
3. Κοιτάζω τις τιμές!   ki**ta**zo tis ti**mè**s !

B Comment dire en grec ?

1. A la caisse, s'il vous plaît !   3. Je paie cash !
2. C'est une occasion !   4. Je n'ai pas de monnaie !

SOLUTIONS

A 1. Il y a des soldes !   3. Je regarde les prix !
    2. Puis-je payer par carte ?

B 1. Στο ταμείο,   sto ta**mi**o
      παρακαλώ!   paraka**lo** !
   2. Ευκαιρία είναι!   èf**kè**ria i**nè** !
   3. Πληρώνω μετρητά!   pli**ro**no mè**tri**ta !
   4. Δεν έχω ψιλά!   dhèn **è**kho psi**la** !

Cadeaux-souvenirs
Avant de quitter Athènes faites un tour au quartier de Monastiraki, le marché aux puces athénien. Pour vos souvenirs et cadeaux vous pouvez choisir entre: une *icône* η εικόνα (i i**ko**na) , une *besace paysanne* en laine το ταγάρι (to ta**gha**ri), un *coquemar en cuivre* pour le café το μπρίκι (to **bri**ki), un *chapelet* το κομπολόι (to kombo**lo**i), un *talisman* το φυλακτό (to fila**kto**), une *broderie* το κεντητό (to kèndhi**to**), des *sabots d'evzones* τα τσαρούχια (ta tsa**rou**khia)...

je porte	forao	φοράω
je mets	vazo	βάζω
j'enlève	vghazo	βγάζω
je m'habille	ndinomè	ντύνομαι
j'essaie	dhokimazo	δοκιμάζω
je cherche	psakhno	ψάχνω
ça me va	mou pai	μου πάει
ça va avec	tèryazi	ταιριάζει
c'est	inè	είναι
large-serré !	fardhi-stèno	φαρδύ-στενό!
long-court !	makri-kondo	μακρύ-κοντό!
la taille	to anastima	το ανάστημα
la pointure	to noumèro	το νούμερο
grand-grande	meghalos-mèghali	ψηλός-ψηλή!
petit-petite	mikros-mikri	κοντός-κοντή!
gros-grosse	pakhis-pakhia	παχύς-παχειά
mince-mince	adhinatos-adhinati	αδύνατος-αδύνατη
le tee-shirt	to blouzaki	το μπλουζάκι
la chemise	to poukamiso	το πουκάμισο
la cravate	i ghravata	η γραβάτα
le pantalon	to pandaloni	το πανταλόνι
la jupe	i fousta	η φούστα
la robe	to forèma	το φόρεμα
la veste	i zakèta-to sakaki	η ζακέτα-σακάκι
le gilet	to yilèko	το γιλέκο
le manteau	to palto	το παλτό
la fourrure	i ghouna	η γούνα
les chaussures	ta papoutsia	τα παπούτσια
les chaussettes	i kaltsès	οι κάλτσες
le col	o lèmos	ο λαιμός
la manche	to maniki	το μανίκι
les épaules	o omos	ο ώμος
la poitrine	to stithos	το στήθος
le tissu	to ifazma	το ύφασμα
en coton	vamvakèro	βαμβακερό
en laine	malino	μάλλινο
en cuir	dhèrmatino	δερμάτινο
en lin	lino	λινό
en soie	mètaxènio	μεταξένιο

A Que veut dire en français ?

1. Σου πάει πολύ το   sou **pai** po**li** to
   μπλουζάκι!   blou**za**ki !
2. Η φούστα ειναι πολύ   i **fou**sta inè po**li**
   κοντή!   ko**ndi** !
3. Τι νούμερο βάζετε;   ti **nou**mèro va**zè**tè ?

B Comment dire en grec ?

1. C'est en coton !   *3. Le pantalon est trop serré !*

2. Je voudrais une robe !

SOLUTIONS

A *1. Le tee-shirt te va bien !*   *3. Quel taille faites-vous ?*

    2. La jupe est très courte !   *(m.à.m. quel numéro por-*

                                             tez)

B 1. Είναι βαμβακερό!   inè vamvakè**ro** !
   2. Θα ήθελα ένα φόρεμα!   tha i**thè**la **è**na **fo**rèma !
   3. Το παντελόνι είναι   to pandè**lo**ni inè
        πολύ στενό!   po**li** stè**no** !

L'habillement

Les magasins de vêtements font partie des *commerces* τα εμπορικά (ta èmbori**ka**). *Les vêtements pour femmes* τα γυναικεία ρούχα (ta yinè**kia rou**kha) à la mode s'achètent dans les *boutiques* μπουτίκ (bou**tik**). Vous pouvez faire coudre ράβω (**ra**vo) votre *jupe* η φούστα (i **fou**sta) ou votre *robe* το φουστάνι (to foustani) chez *la couturière* η ράφτρα (i **ra**ftra) du quartier. pour votre *costume* το κοστούμι (to ko**stou**mi) *fait main* χειροποίητο (khiro**pi**ito) *sur mesure* adressez-vous au *tailleur* ο ράφτης (o **ra**ftis).

le cabinet médical	to ia**trio**	το ιατρείο
l'hôpital	to nosoko**mio**	το νοσοκομείο
le généraliste	o patho**loghos**	ο παθολόγος
le dentiste	o odhondoya**tros**	ο οδοντογιατρός
le chirurgien	o khirour**ghos**	ο χειρουργός
l'infirmier	o noso**komos**	ο νοσοκόμος
le médicament	to **f**armako	το φάρμακο
l'opération	i èn**khi**risi	η εγχείρηση
la radiographie	í aktinoghra**fia**	η ακτινογραφία
les analyses	i ana**li**sis	η αναλύσεις
la piqûre	i **è**nèsi	η ένεση
le diagnostic	i **dh**yaghnosi	η διάγνωση
la maladie	i a**ro**stia	η αρρώστια
l'ordonnance	i sinta**yi**	η συνταγή
je suis malade (H.)	imè a+**ro**stos-	είμαι άρρωστος-
je suis malade (F.)	a**ro**sti	άρρωστη
je ne suis pas bien	dhèn **i**mè ka**la**	δεν είμαι καλά
j'ai mal	po**na**o	πονάω
-à la tête	- po**na**i to kè**fa**li mou	- με πονάει το κεφάλι
- à la gorge	- o lè**mos** mou	- ο λαιμός
- au ventre	- i ki**li**a mou	- η κοιλιά
- à l'estomac	- to sto**ma**khi mou	- το στομάχι
- au dos	- i omo**pla**ti	- η ωμοπλάτη
- aux dents	- pona**nè** ta **dh**ondia mou	- με πονάνε τα δόντια μου
j'ai la fièvre	**è**kho pirè**to**	έχω πυρετό
j'ai la nausée	zali**zo**mè	ζαλίζομαι
je vomis	**ka**no èmè**to**	κάνω εμετό
je tousse	**vi**kho	βήχω
je suis enrumée(e)	imè sinakho**mè**nos-i	είμαι συναχωμένος,η
jambe cassée	spaz**mè**no **po**dhi	σπασμένο πόδι
bras cassé	spaz**mè**no **khè**ri	σπασμένο χέρι
le plâtre	o **yi**psos	ο γύψος

A Que veut dire en français ?

1. Δεν είμαι πολύ καλά! dhen imè poli kala !
2. Δεν είναι άρρωστη! dhen inè arosti !
3. Ζαλίζομαι στο πλοίο! zalizomè sto plio !
4. Έχει κανένα ιατρείο; èkhi kanèna iatrio

B Comment dire en grec ?

1. *Où est-ce qu'il y a un hôpital ?*

2. *Voici l'ordonnance du médecin !*

SOLUTIONS

A
1. *Je ne vais pas très bien !*
2. *Elle est malade !*
4. *J'ai le vertige sur le bateau !*
5. *Est-ce qu'il y a un cabinet médical ?*

B
1. Που έχει νοσοκομείο; pou èkhi nosokomio ?
2. Ορίστε η συνταγή του γιατρού! oristè i sindayi tou yatrou !

Les médecins

En ville, vous en trouverez toutes les *spécialités* οι ειδικότητες (i idhi**ko**titès). *A la campagne* στην εξοχή (stin èxo**khi**) ou dans les îles isolées il faut s'adresser à *la station médicale agricole* το αγροτικό ιατρείο (to aghroti**ko** iatrio). Pour faire valoir vos droits d'*assuré social* ασφαλισμένος (asfaliz**mè**nos) en tant que citoyen de l'Union Européenne vous devez vous adresser aux bureaux locaux de la Sécurité Sociale grecque appelé IKA. N'oubliez pas de vous procurer le formulaire prévu à cet effet auprès de votre organisme de sécurité sociale.

l'amateur	èrasitèkhnis	ο ερασιτέχνης
le professionnel	èpanghèlmatias	ο επαγγελματίας
la chasse	to ki**nigh**i	το κυνήγι
le chasseur	o kini**ghos**	ο κυνηγός
la pêche	to ps**arè**ma	το ψάρεμα
le pêcheur	o psa**ras**	ο ψαράς
pêcher	psa**rèvo**	ψαρεύω
la barque	i **va**rka	η βάρκα
la bouée	to so**si**vio	το σωσίβιο
camper	kataski**no**no	κατασκηνώνω
le camping	i kata**ski**nosi	η κατασκήνωση
la canne à pêche	to ka**la**mi	το καλάμι
l'appât	to **dho**loma	το δόλωμα
le cyclisme	i podhila**si**a	η ποδηλασία
le football	to po**dho**sfèro	το ποδόσφαιρο
le fusil	to tou**fè**ki	το τουφέκι
le garde forestier	o dhaso**fi**lakas	ο δασοφύλακας
le gibier	to **thi**rama	το θήραμα
la grotte	i spi**lia**	η σπηλιά
le guide	o odhi**ghos**	ο οδηγός
le hameçon	to a**ghi**stri	το αγκίστρι
le jeu	to pè**khni**dhi	το παιγνίδι
le joueur	o **pè**khtis	ο παίχτης
jouer	**pè**zo	παίζω
la location	i èni**ki**asi	η ενοικίαση
la marche	i pè**zo**poria	η πεζοπορία
le match	o **agho**nas	ο αγώνας
la neige	to **khio**ni	το χιόνι
la planche à voile	i istiosa**ni**dha	η ιστιοσανίδα
pratiquer	a**sko**	ασκώ
ramer	kopila**to**	κωπηλατώ
la rame	to kou**pi**	το κουπί
la tente	i ski**ni**	η σκηνή
le vélo	to po**dhi**lato	το ποδήλατο
le vent	o a**nè**mos	ο άνεμος
le voilier	to istio**fo**ro	το ιστιοφόρο
parier	stikhima**ti**zo	στοιχηματίζω

A Que veut dire en français ?

1. Μου αρέσει η   mou ar**è**si i
   κατασκήνωση!   kata**ski**nosi !
2. Αποφεύγω την   apof**è**vgho tin
   πεζοπορία!   pèzopo**ri**a !
3. Κοιτάζω τον αγώνα .   ki**ta**zo ton a**gho**na.

B Comment dire en grec ?

1. *Nous pourrions louer une barque !*   2. *Je joue au football !*

SOLUTIONS

A

1. *J'aime le camping !*   3. *Je regarde le match.*
2. *J'évite la marche !*

B

1. Να νοικιάσουμε μία   na ni**kia**soumè **mi**a
   βάρκα!   **va**rka !
2. Παίζω ποδόσφαιρο!   **pè**zo po**dho**sfèro !

Jeux

Les grecs se passionnent pour les *jeux de société* επιτραπέζια παιγνίδια (èpitra**pè**zia pè**khni**dhya). Dans les cafés ou chez eux on peut les voir jouer au *jaquet* το τάβλι (to **ta**vli), à *la tombola* η τόμπολα (i **to**mbola), aux *cartes* τα χαρτιά (ta khar**ti**a). Pour les *jeux de hasard* τυχερά παιγνίδια (tikhè**ra** pè**khni**dhya) le *loto* το λαχείο (to la**khi**o) reste de loin le plus populaire. Côté sports, football et basket monopolisent l'intérêt du public. Trois équipes de football sont à retenir: o Ολυμπιακός (o olimbia**kos**) avec son maillot *rouge* κόκκινο (**ko**kino), o Παναθηναικός (o panathinai**kos**) avec son maillot *vert* πράσινο (**pra**sino), η ΑΕΚ avec son maillot *jaune* κίτρινο (**ki**trino).

l'emploi	i dhou**lia**	η δουλειά
le chômage	i anè**rghia**	η ανεργία
le chômeur	o anèrghos	ο άνεργος
travailler	dhou**lè**vo	δουλεύω
le salaire	o mis**thos**	ο μισθός
le patron	o èrgho**dho**tis	ο εργοδότης
l'employé	o ergha**zo**mènos	ο εργαζόμενος
gagner	kèr**dhi**zo	κερδίζω
le bureau	to ghra**fio**	το γραφείο
l'usine	to èrgho**sta**sio	το εργοστάσιο
la banque	i **tra**pèza	η τράπεζα
le cadre	to **stè**lèkhos	το στέλεχος
la secrétaire	i ghrama**tè**as	η γραμματέας
l'ouvrier	o èr**gha**tis	ο εργάτης
l'apprenti	o mathitè**vo**mènos	ο μαθητευόμενος
le chef	o proi**sta**menos	ο προιστάμενος
le personnel	to prosopi**ko**	το προσωπικό
l'ordinateur	o ipoloyi**stis**	ο υπολογιστής
l'informatique	i plirofori**ki**	η πληροφορική
l'avocat	o dhiki**gho**ros	ο δικηγόρος
licencier	apo**lio**	απολύω
le licenciement	i **a**polisi	η απόλυση
la démission	i pa**rè**tisi	η παραίτηση
le directeur	o dhyè**fthi**ndis	ο διευθυντής
la machine	i mikha**ni**	η μηχανή
les charges	i isfo**rès**	οι εισφορές
le congé	i **a**dhia	η άδεια
la profession libérale	to e**lè**fthèro è**pa**ghelma	το ελεύθερο επάγγελμα
le vendeur	o poli**tis**	ο πωλητής
le collègue	o sina**dèr**fos	ο συνάδερφος

A Que veut dire en français ?

1. Τι επάγγελμα κάνετε ;   ti èpaghèlma kanètè ?
2. Δεν κερδίζω πολλά!   dhèn kèrdhizo pola !
3. Δεν έχω άδεια!   dhèn èkho adhia !
4. Δουλεύω σε μία   dhoulèvo sè mia
   τράπεζα!   trapèza !

B Comment dire en grec ?

1. *Combien de personnes*   3. *Pourquoi tu ne changes*
   êtes -vous au bureau ?   *pas de travail ?*
2. *J'ai un petit salaire !*

SOLUTIONS

A 1. *Quelle profession exercez-*   3. *Je n'ai pas des congés !*
     vous (faites-vous) ?   4. *je travaille dans une*
2. *Je ne gagne pas*   *banque !*
     beaucoup !

B 1. Πόσοι είστε στο   posi istè sto
     γραφείο;   ghrafio ?
2. Έχω μικρό μισθό!   èkho mikro mistho !
3. Γιατί δεν αλλάζεις   yati dhèn alazis
     δουλειά;   dhoulia ?

Quelques métiers...

le facteur	ο ταχυδρόμος	o takhidhromos
le policier	ο αστυνομικός	o astinomikos
le banquier	ο τραπεζικός	o trapèzikos
le boulanger	ο φούρναρης	o fournaris
le boucher	ο χασάπης	o khasapis
l'épicier	ο μπακάλης	o bakalis
le marchand de fruits	ο μανάβης	o manavis
le patissier	ο ζαχαροπλάστης	o zakharoplastis

se divertir	dhyaskè**dha**zo	διασκεδάζω
sortir	**vghè**no	βγαίνω
chanter	traghou**dho**	τραγουδώ
le chanteur	o traghoudhi**stis**	ο τραγουδιστής
la chanteuse	i traghou**dhi**stria	η τραγουδίστρια
la pièce	to **èr**gho	το έργο
la comédie	i komo**dhia**	η κωμωδία
la tragédie	i tragho**dhia**	η τραγωδία
la scène	i ski**ni**	η σκηνή
la tournée	i pèrio**dhia**	η περιοδεία
la troupe	o **thi**asos	ο θίασος
le cinéma en	o ip**è**thrios	ο υπαίθριος
plein air	kinimato**ghra**fos	κινηματογράφος
la projection	i provo**li**	η προβολή
l'écran	i o**tho**ni	η οθόνη
le film	i tè**ni**a	η ταινία
la musique	i mousi**ki**	η μουσική
le groupe	to mousi**ko**	το μουσικό
musical	sin**ghro**tima	συγκρότημα
l'orchestre	i or**khi**stra	η ορχήστρα
le programme	to **pro**ghrama	το πρόγραμμα
la séance	i para**sta**si	η παράσταση
son et lumière	**i**khos kè fos	ήχος και φως
le centre	to morfoti**ko**	το μορφωτικό
culturel	**kè**ndro	κέντρο
le spectateur	o thè**a**tis	ο θεατής
à la mode	tis **mo**dhas	της μόδας
la manifestation	i èk**dhi**losi	η εκδήλωση
l'exposition	i **è**kthèsi	η έκθεση

A Que veut dire en français ?

1. Είναι πολύ της μόδας!   inè poli tis modhas !
2. Πάμε στον   pamè ston
   κινηματογράφο!   kinimatoghrafo !

B Comment dire en grec ?

1. *Est-ce que l'expo est ouverte ?*

2. *Nous sommes allées au théâtre !*

3. *Je la connais cette troupe !*

SOLUTIONS

A 1. *C'est très à la mode !*   2. *Allons au cinéma !*

B 1. Είναι η έκθεση   inè i èkthèsi
     ανοιχτή;   anikhti ?
2. Πήγαμε στο θέατρο !   pighamè sto thèatro !
3. Τον ξέρω τον θίασο!   ton xèro ton thiaso !

Le divertissements

Vers huit heures du soir, les grecs se préparent pour *sortir* βγαίνω (**vghè**no) et *se divertir* διασκεδάζω (dhyaskè**dha**zo). Les jeunes cherchent des *cafés-bars* τα μπαράκια (ta barakia), des *discothèques* η ντισκοτέκ, (i disko**tek**). Les moins jeunes préfèrent τα νυχτερινά κέντρα les nikhtèri**na kè**ndra, m. à m. les *centres nocturnes*, appelés τα μπουζουκτσίδικα (ta bouzou**ktsi**dhika), où on peut écouter de la musique et danser le χασάπικο (kha**sa**piko) *danse des bouchers* albanais de Constantinople et le συρτάκι (si**rta**ki). L'été c'est la période des festivals locaux ou régionaux dont le plus connu reste *la fête du vin* η γιορτή του κρασιού (i yo**rti** tou kra**siou**) à Dafni, sur la route Athènes-Corinthe.

l'école publique	to dhimosio skholio	το δημόσιο σχολείο
l'école privée	to idhyotiko skholio	το ιδιωτικό σχολείο
la maternelle	to nipiaghoyio	το νηπιαγωγείο
l'école primaire	to dhimotiko	το δημοτικό
le lycée	to likio	το λύκειο
le collège	to yimnasio	το γυμνάσιο
l'université	to panèpistimio	το πανεπιστήμιο
le professeur	o kathiyitis	ο καθηγητής
l'instituteur	o dhaskalos	ο δάσκαλος
l'élève	o mathitis	ο μαθητής
l'étudiant	o fititis	ο φοιτητής
étudier	mèlèto	μελετώ
apprendre	mathèno	μαθαίνω
lire	dhyavazo	διαβάζω
écrire	ghrafo	γράφω
comprendre	katalavèno	καταλαβαίνω
compter	mètro	μετρώ
dessiner	skhèdyazo	σχεδιάζω
signifier	simèno	σημαίνω
les examens	i èxètasis	οι εξετάσεις
le concours	o dhyaghonizmos	ο διαγωνισμός
les notes	i simiosis	οι σημειώσεις
le mot	i lèxi	η λέξη
la phrase	i frasi	η φράση
le diplôme	to diploma	το δίπλωμα
la classe	i taxi	η τάξη
l'année scolaire	i skholiki khronia	η σχολική χρονιά
la leçon	to mathima	το μάθημα
la bibliothèque	i vivliothiki	η βιβλιοθήκη
facile	èfkolo	εύκολο
difficile	dhiskolo	δύσκολο
les langues étrangères	i xènès ghlosès	οι ξένες γλώσσες

114

A Que veut dire en français ?

1. Μαθαίνω ξένες γλώσσες!   mathèno xènès ghlosès !
2. Είναι λίγο δύσκολο το μάθημα!   inè ligho dhiskolo to mathima !
3. Πηγαίνω σε ιδιωτικό σχολείο.   piyèno sè idhyotiko skholio.

B Comment dire en grec ?

1. *Combien êtes vous en classe ?*

2. *Qu'est-ce que cela signifie?*

3. *Je ne comprends pas bien !*

SOLUTIONS

A
1. *J'apprends des langues étrnagères !*
2. *La leçon est un peu difficile !*
3. *Je suis (je vais) dans une école privée.*

B
1. Πόσοι είστε στην τάξη;   posi istè stin taxi ?
2. Τι σημαίνει;   ti simèni ?
3. Δεν καταλαβαίνω καλά!   dhèn katalavèno kala !

le journal	i èfimèridha	η εφημερίδα
-du matin	i proini	η πρωινή
-du soir	i apoyèvmatini	η απογευματινή
-du dimanche	i kiryakatiki	η κυριακάτικη
le magazine	to pèriodhiko	το περιοδικό
la radio	to radiofono	το ραδιόφωνο
la télévision	i tilèorasi	η τηλεόραση
le satellite	o dhoriforos	ο δορυφόρος
la chaîne	to kanali	το κανάλι
le programme	to proghrama	το πρόγραμμα
l'émission	i èkpombi	η εκπομπή
le présentateur	o parousiastis	ο παρουσιαστής
l'événement	to yèghonos	το γεγονός
l'information	i ènimèrosi	η ενημέρωση
le sondage	i dhimoskopisi	η δημοσκόπηση
les titres	i titli	οι τίτλοι
les nouvelles	ta nèa	τα νέα
la photographie	i fotoghrafia	η φωτογραφία
la publicité	i dhyafimisi	η διαφήμιση
le reportage	to rèportaz	το ρεπορτάζ
les annonces	i anghèliès	οι αγγελίες
l'auditeur	o akroatis	ο ακροατής
le lecteur	o anaghnostis	ο αναγνώστης
le téléspectateur	o tilithèatis	ο τηλεθεατής
la météo	i mètèoroloyia	η μετεωρολογία
le bulletin	to dhèltio	το δελτίο
questions	thèmata	θέματα
- internationales	- dhyèthni	- διεθνή
- nationales	- ethnika	- εθνικά
le kiosque à journaux	to pèriptèro	το περίπτερο
la politique	i politiki	η πολιτική
j'écoute	akouo	ακούω
je regarde	kitazo	κοιτάζω
je lis	dhyavazo	διαβάζω
je m'informe	ènimèronomè	ενημερώνομαι

116

A Que veut dire en français ?

1. Ακούω τα νέα!   akouo ta nèa !
2. Κοιτάζω την   kitazo tin
   τηλεόραση.   tilèorasi.

B Comment dire en grec ?

1. *Je n'aime pas ce*   2. *Nous lisons les annonces !*
   programme !

SOLUTIONS

A 1. *J'écoute les nouvelles !*   2. *Je regarde la télévision.*

B 1. Δε μου αρέσει αυτό   dhen mou arèsi afto to
   το πρόγραμμα!   **prog**harama
2. Διαβάζουμε τις   dhyavazoumè tis
   αγγελίες!   aghèliès !

La presse grecque
Très politisés, les journaux grecs consacrent la plupart de leurs pages à la *politique intérieure* η εσωτερική πολιτική (i èsotèri**ki** politi**ki**), l'*économie* η οικονομία (i ikono**mi**a) et les *scandales* τα σκάνδαλα (ta **ska**ndhala) . L'*international* τα διεθνή (ta dhyè**thni**), sauf quand il touche aux intérêts du pays, n'occupe qu'une place infime. Parmi les meilleurs journaux citons Η ΚΑΘΗΜΕΡΙΝΗ (i kathimèri**ni**), Η ΕΛΕΥΘΕΡΟ-ΤΥΠΙΑ (i élèfthèroti**pi**a), ΤΟ ΒΗΜΑ (to **vi**ma), l'hebdomadaire satirique ΤΟ ΠΟΝΤΙΚΙ (to po**ndi**ki) m. à m. <u>Le Rat</u>, et le bimensuel politique indépendant ΑΝΤΙ (an**di**).

bonjour !	kalimèra !	καλημέρα!
bon soir !	kalispèra !	καλησπέρα!
bonne nuit !	kalinikhta !	καληνύχτα!
ça va !	kala !	καλά!
ça va bien ?	ti kanètè ?	τι κάνετε;
comment allez-vous?	ti yinèstè ?	τι γίνεστε;
que deviens-tu ?	ti yinèsè ?	τι γίνεσαι;
quoi de neuf ?	ti nèa ?	τι νέα;
salut !	ya sou !	γεια σου!
au revoir !	sto èpanidhi !	στο επανιδεί!
entrez !	pèrastè !	περάστε!
merci !	efkharisto !	ευχαριστώ!
de même !	episis !	επίσης!
de rien !	tipota !	τίποτα!
pardon !	sighnomin !	συγνώμην!
excusez-moi !	mè sinkhoritè !	με συγχωρείτε!
avec plaisir !	èfkharistos !	ευχαρίστως!
s'il vous plaît !	sas parakalo !	σας παρακαλώ!
volontiers !	èfkharistos	ευχαρίστως!
comme vous voulez !	opos thèlètè !	όπως θέλετε!
sincèrement !	ilikrina !	ειλικρινά!
enchanté(e) !	kharika !	χάρηκα!
très heureux de...	khèro poli !	χαίρω πολύ!
mes felicitations !	ta sinkharitiria mou !	τα συγχαρητήριά μου!
je vous suis reconnaissant !	sas imè evghnomon	σας είμαι ˜ ευγνώμων!

A Que veut dire en français ?

1. Γεια σου και περιμένω   ya sou kè pèrimèno nèa
   νέα σου!   sou !
2. Χαίρω πολύ!   khèro poli !
3. Τι κάνεις; Είσαι καλά;   ti kanis ? isè kala ?
4. Συγνώμη, ποιος είστε;   sighnomi pios istè ?

B Comment dire en grec ?

1. *Vos billets, s'il vous plaît !*   3. *Sincèrement, je ne sais*
2. *Merci pour le cadeau !*   *pas !*

SOLUTIONS

A

1. *Au revoir et j'attends*   3. *Ca va ? tu vas bien ?*
   de tes nouvelles !   4. *Pardon, qui êtes-vous ?*
2. *Enchanté !*

B

1. Τα εισιτήριά σας,   ta isitiria sas
   παρακαλώ !   parakalo !
2. Ευχαριστώ για το   èfkharisto ya to
   δώρο !   dhoro !
3. Ειλικρινά, δεν ξέρω !   ilikrina dhèn xèro !

Les salutations

En Grèce, on peut *tutoyer* μιλώ στον ενικό (milo ston èniko) sans problème. On doit, par contre, *vouvoyer* μιλώ στον πληθυντικό (milo ston plithindiko) les *représentants de l'ordre* τα όργανα της τάξεως (ta orghana tis taxèos), du *clergé* ο κληρικός (o klirikos), les *autorités publiques* οι δημόσιες αρχές (i dhimosiès arkhès), son *chef de service* ο προϊστάμενος (o proistamènos) et le *client* πελάτης (o pèlatis).

119

l'anniversaire	ta yènèthlia	ο νόμος
je souhaite	èfkhomè	εύχομαι
-bon anniversaire	-na zisis	-να ζήσεις
-bonne année	-khronia pola !	-χρόνια πολλά!
-la bien venue !	-kalos ilthès !	-καλώς ήλθες!
la coutume	to èthimo	το έθιμο
la tradition	i paradhosi	η παράδοση
le défilé	i parèlasi	η παρέλαση
le festin	to tsimbousi	το τσιμπούσι
la danse	o khoros	ο χορός
je danse	khorèvo	χορεύω
la fête nationale	i èthniki yorti	η εθνική γιορτή
la fête locale	i topiki yorti	η τοπική γιορτή
la fête du vin	i yorti tou krasiou	η γιορτή του κρασιού
le pèlerinage	to proskinima	το προσκύνημα
la procession	i litania	η λιτανεία
le Saint...	o ayos	ο άγιος
la Sainte...	i ayia	η αγία
les vendanges	o trighos	ο τρύγος
la foire	to paniyiri	το πανηγύρι
Noël	khristouyèna	Χριστούγεννα
Pâques	paskha	Πάσχα
la semaine sainte	i mèghali èvdhomadha	η Μεγάλη Εβδομάδα
le carnaval	i apokria	η απόκρεα
le jeûne	i nistia	η νηστεία
l'invité	o kalèzmènos	ο καλεσμένος
j'invite	kalo	καλώ

Pâques en Grèce

Toute la Semaine Sainte, les grecs affluent dans les églises; le *Vendredi Saint* au soir Μεγάλη Παρασκευη (mèghali para-kèvi), on suit la *procession du Saint Suaire* ο Επιτάφιος (o èpitafios) et samedi soir on assiste à *la Résurrection* η Ανάσταση (i anastasi) qu'on célèbre à coups de *pétards* τα βαρελότα (ta varèlota)...

A **Que veut dire en français ?**

1. Αύριο έχω τα   avrio **è**kho ta
   γενέθλιά μου!   yè**nè**thlia mou !
2. Ξέρεις να χορεύεις;   x**è**ris na kho**rè**vis ?
3. Φέτος πότε έχουμε   **fè**tos po**tè è**khoumè
   Πάσχα;   **pa**skha ?

B **Comment dire en grec ?**

1. *C'est la coutume !*   3. *Allons à la fête du vin !*
2. *Je vous souhaite bonne*
   année !

SOLUTIONS

A 1. *Demain c'est mon*   3. *C'est quand Pâques cette*
   anniversaire !   *année ?*
2. *Est-ce que tu sais danser ?*

B 1. Είναι το έθιμο!   i**nè** to **è**thimo !
2. Σας εύχομαι καλή   sas **è**fkhomè ka**li**
   χρονιά!   khro**nia** !
3. Πάμε στη γιορτή του   **pa**mè sti yor**ti** tou
   κρασιού!   kra**siou** !

... De retour à la maison on *trinque* τσουγκρίζω (tsou**gri**zo) avec des *oeufs rouges* τα κόκκινα αυγά (ta **ko**kina av**gha**) dans l'espoir de casser l'oeuf de l'autre, ce qui portera *chance* η τύχη (i **ti**khi) pour le reste de l'année. Le Dimanche et le Lundi de Pâques on fait un *méchoui* ο οβελίας (o ovè**lias**) et on danse des danses populaires λαικοί χοροί (lai**ki** kho**ri**) grecques.

la cabine téléphonique	o **tha**lamos	ο θάλαμος
l'appel	i **kli**si	η κλήση
- local	- topi**ki**	- τοπική
- international	- dhyè**thnis**	- διεθνής
le compteur	o metri**tis**	ο μετρητής
PCV	pliro**tèo** ston para**li**pti	πληρωτέο στον παραλήπτη
l'annuaire	o tilèfoni**kos** kata**lo**ghos	ο τηλεφωνικός κατάλογος
les pages jaunes	o khri**sos** odhi**ghos**	ο χρυσός οδηγός
la ligne	i ghra**mi**	η γραμμή
je suis interrompu	mè **dhyè**lopsan	με διέκοψαν
j'essaie	prospa**tho**	προσπαθώ
le numéro	o ari**thmos**	ο αριθμός
je demande	zitao	ζητάω
l'indicatif	to **pro**thèma	το πρόθεμα
à l'étranger	sto èxotèri**ko**	στο εξωτερικό
les renseignements	i pliroforiès	οι πληροφορίες
je décroche	si**ko**no	σηκώνω
je raccroche	katè**va**zo	κατεβάζω
l'écouteur	to akoustiko	το ακουστικό
le répondeur	o **af**tomatos tilèfoni**tis**	ο αυτόματος τηλεφωνητής
le message	to **mi**nima	το μήνυμα
vous faites erreur !	**ka**nète **la**thos !	κάνετε λάθος!
allô !	èm**bros** !	εμπρός!
ça ne répond pas	dhèn apa**nda**i !	δεν απαντάει!
ca sonne !	khti**pa**i !	χτυπάει!
c'est occupé !	mila**nè** !	μιλάνε!
qui demandez-vous?	pion zita**tè** ?	ποιον ζητάτε;
qui le demande ?	pios ton **thè**li ?	ποιος τον θέλει;
le service-réveil	i a**fi**pnisi	η αφύπνιση

A Que veut dire en français ?

1. Ψάχνω ένα θάλαμο!   psakhno èna thalamo !
2. Τις πληροφορίες θα   tis pliroforiès tha
   ήθελα παρακαλώ!   ithèla parakalo !
3. Εμπρός, ποιος είναι;   èmbros pios inè ?

B Comment dire en grec ?

1. *Avez-vous un annuaire ?*   3. *Je pense que vous faites*
2. *Où sont les pages jaunes ?*   *erreur !*

SOLUTIONS

A 1. *je cherche une cabine !*   3. *Allô ? qui est à l'appareil ?*
    2. *Je voudrais les*
      renseignements, s'il
      vous plaît !

B 1. Έχετε τηλεφωνικό   èkhètè tilèfoniko
     κατάλογο;   katalogho ?
   2. Που είναι ο χρυσός   pou inè o khrisos
     οδηγός;   odhighos ?
   3. Νομίζω ότι κάνετε   nomizo oti kanètè
     λάθος!   lathos !

Le téléphone
Les services de téléphone, de *télégrammes* το τηλεγράφημα (to tilèghrafima), de télex τέλεξ, de *télécopie* φαξ (fax) sont dispensés par l'OTE (les Télécoms grecques) implanté sur la quasi-totalité du territoire grec. Les *pages jaunes* ο χρυσός οδηγός (o khrisos odhighos) des certaines régions touristiques contiennent des listes d'abonnés à l'usage des étrangers. Pour téléphoner d'une *cabine* ο θάλαμος (thalamos) munissez-vous d'une *carte de téléphone* η τηλεκάρτα (i tilèkarta).

la loi	o **no**mos	ο νόμος
la commissariat	to astinomi**ko tmi**ma	το αστυνομικό τμήμα
le service des réclamations	i ipirè**si**a para**po**non	η υπηρεσία παραπόνων
l'accident	to ati**khi**ma	το ατύχημα
la plainte	to pa**ra**pono	το παράπονο
la déclaration	i **dhi**losi	η δήλωση
la dénonciation	i katagh**è**li**a**	η καταγγελία
la déposition	i ka**ta**thèsi	η κατάθεση
la protestation	i dhyamarti**ri**a	η διαμαρτυρία
la copie	to an**di**ghrafo	το αντίγραφο
le document	to **è**ghrafo	το έγγραφο
la carte d'identité	i taf**to**tita	η ταυτότητα
la nationalité	i ipi**ko**otita	η υπηκοότητα
la signature	i ipoghra**fi**	η υπογραφή
la profession	to è**pa**gh**è**lma	το επάγγελμα
les papiers	ta khar**ti**a	τα χαρτιά
le rapport	i anafo**ra**	η αναφορά
la perte	i a**po**lia	η απώλεια
le vol	i klo**pi**	η κλοπή
le porte-feuille	to porto**fo**li	το πορτοφόλι
les dégâts	i zi**miès**	οι ζημιές
la responsabilité	i **è**f**thi**ni	η ευθύνη
le remboursement	i **è**xo**fl**isi	η εξόφληση
l'indemnisation	i apozi**mi**osi	η αποζημίωση
la victime	to **thi**ma	το θύμα
le voleur	o **klè**ftis	ο κλέφτης
je porte plainte	kata**thè**to **mi**nisi	καταθέτω μήνυση
je déclare	dhi**lo**no	δηλώνω
je dépose	kata**thè**to	καταθέτω
je signe	ipo**ghra**fo	υπογράφω
je me plains	parapo**niè**m**è**	παραπονιέμαι
je proteste	dhyamarti**ro**m**è**	διαμαρτύρομαι
on m'a volé(e)	mè **è**klepsan	με έκλεψαν
on m'a trompé(e)	mè **yè**lasan	με γέλασαν
la carence	i **è**lipsi	η έλλειψη

124

A Que veut dire en français ?

1. Ζητώ αποζημίωση για   zito apozimíosi ya to
   το ατύχημα !   atikhima !
2. Που είναι η υπηρεσία   pou inè i ipirèsia
   παραπόνων;   paraponon ?

B Comment dire en grec ?

1. *Voici ma carte d'identité !*   3. *Connaissez-vous les lois ?*
2. *C'est sa responsabilité !*

SOLUTIONS

A 1. *Je réclame une   2. *Où est le service des
      indemnisation pour   réclamations ?*
      l'accident !*

1. Ορίστε η ταυτότητά   oristè i taftotita
   μου!   mou !
B 2. Δικηά του ευθύνη   dhikia tou èfthini
      είναι !   inè !
3. Γνωρίζετε τούς   ghnorizètè tous
   νόμους;   nomous

Problèmes

En cas de problèmes et en l'absence de *police touristique* η τουριστική αστυνομία (i touristiki astinomia): si vous séjournez à la campagne vous vous adressez à *la gendarmerie* η χωροφυλακή (i khorofilaki); en ville vous cherchez *la police* η αστυνομία (i astinomia); si vous êtes en bateau, vous contactez *la police maritime* το λιμεναρχείο (to limènarkhio); sachez enfin que vous pouvez saisir le *service public de contrôle d'hygiène* το Υγειονομικό (to ighionomiko) et *des prix* η Αγορανομία (i aghoranomia) ou écrire au bureau local τοπικό γραφείο (topiko ghrafio) de l'EOT, l'Office du Tourisme Grec.

Mémento grammatical
et
Lexiques

• *L'alphabet grec* το ελληνικό αλφάβητο (to èlini**ko** al**fa**vito) comporte vingt-quatre lettres :

1. *Les voyelles* τα φωνήεντα (ta fo**niè**nda) sont au nombre de sept: α/a, ε/è, η/i, ι/i, o/o, υ/i, ω/o.

2. *Les consonnes* τα σύνφωνα (ta sinfona) au nombre de dix sept: β/v, γ/gh ou y, δ/dh, ζ/z, θ/th, χ/k, κ/k, λ/l μ/m, ν/n, ξ/x, π/p ρ/r, σ, ς/s, τ/t, φ/f, χ/h expiré, ψ/ps.

• Cinq de ces consonnes posent problème à la prononciation: Le γ gamma peut avoir deux sons: devant les voyelles ε/è, ι/i, ι/i, υ/i et leurs combinaisons αι/è, ει/i, οι/i, il se prononce y comme dans le mot français *yacht;* devant les voyelles α/a, o/o et la combinaison ου/ou, il se prononce comme un g français dur suivi d'un h prolongé; de même devant les consonnes, à l'exception de γ/gh ou y, κ/k, χ/h expiré et ξ/x; il est noté ici gh.

Le χ khi se prononce comme un h expiré et prolongé, tel que le ch en allemand ou le h dans le mot anglais *him*

Le δ delta se prononce th dur comme dans le mot anglais *that;* il est noté ici dh.

Le θ thêta se prononce th doux comme dans le mot anglais *thing; il* est noté ici th.

Le ψ psi se prononce ps.

• Le β vita se prononce comme un v français.

Le ξ xi comme un x français.

Le ρ ro est prononcé roulé.

• Il existe deux façons d'écrire le sigma ; au début ou à l'intérieur d'un mot σ et en fin de mot ς ; il se prononce comme un z devant les consonnes β/v, γ/gh-y, δ/dh, ζ/z, λ/l, μ/m, ν/n, ρ/r.

• Il n'existe qu'un seul accent indiquant la syllabe sur laquelle la voix doit monter. Les monosyllabes (mots qui ne comportent qu'une syllabe), hormis quelques exceptions, ne prennent pas d'accent *Attention :* certains mots de deux syllabes sont considérés, sur le plan de la prononciation, comme étant des monosyllabes et de ce fait ne prennent pas d'accent non plus. La syllabe accentuée des mots utilisés dans le présent livre est indiquée en caractères gras. Seules les voyelles et leurs combinaisons sont accentuées.

Combinaison de voyelles

αι se prononce [è]
ει se prononce [i]
οι se prononce [i]
υι se prononce [i]
ου se prononce [ou]

Combinaison de voyelles

αυ et ευ se prononcent [af] et [èf] devant les voyelles et les
consonnes suivantes:

κ [k]	σ [s]
π [p]	ς [s]
τ [t]	θ th]
χ [kh]	τσ [ts]
φ [f]	

αυ et ευ se prononce [av] et [èv] devant les voyelles et les
consonnes suivantes:

γ [gh] [y]	ντ [nd]
β [v]	νγκ [ngh]
δ [dh]	λ [l]
ζ [z]	μ [m]
τζ [tz]	ν [n]
μπ [mb]	ρ [r]

Combinaison de consonnes

[mb] au début d'un mot
[d] dans un mot et devant une consonne
[g] comme dans le mot garçon
[ngh] comme dans le mot angle
[ts]
[tz]

La voyelle se prononce [y] quand elle est suivie des voyelles:

[a]
[è]
[o]

Présent   Le verbe γράφω

γράφω	**ghra**fo	*j'écris*
γράφεις	**ghra**fis	*tu écris*
γράφει	**ghra**fi	*il/elle écrit*
γράφουμε	**ghra**foumè	*nous écrivons*
γράφετε	**ghra**fètè	*vous écrivez*
γράφουν	**ghra**foun	*ils/elles écrivent*

Futur continu

θα γράφω	tha **ghra**fo	*j'écrirai*
θα γράφεις	tha **ghra**fis	*tu écriras*
θα γράφει	tha **ghra**fi	*il/elle écrira*
θα γράφουμε	tha **ghra**foumè	*nous écrirons*
θα γράφετε	tha **ghra**fètè	*vous écrirez*
θα γράφουν	tha **ghra**foun	*ils/elles écriront*

Futur momentané

θα γράψω	tha **ghra**pso	*j'écrirai*
θα γράψεις	tha **ghra**psis	*tu écriras*
θα γράψει	tha **ghra**psi	*il/elle écrira*
θα γράψουμε	tha **ghra**psoumè	*nous écrirons*
θα γράψετε	tha **ghra**psètè	*vous écrirez*
θα γράψουν	tha **ghra**psoun	*ils/elles écriront*

Imparfait

έγραφα	**è**ghrafa	*j'écrivais*
έγραφες	**è**ghrafès	*tu écrivais*
έγραφε	**è**ghrafè	*il/elle écrivait*
γράφαμε	**ghra**famè	*nous écrivions*
γράφατε	**ghra**fatè	*vous écriviez*
έγραφαν	**è**ghrafan	*ils/elles écrivaient*

Aoriste

έγραψα	**è**ghrapsa	j'ai écrit
έγραψες	**è**ghrapsès	tu as écrit
έγραψε	**è**ghrapsè	il/elle a écrit
γράψαμε	**ghra**psamè	nous avons écrit
γράψατε	**ghra**psatè	vous avez écrit
έγραψαν	**è**ghrapsan	il:elles ont écrit

Passé composé

έχω γράψει	**è**kho **ghra**psi	j'ai écrit
έχεις γράψει	**è**khis **ghra**psi	tu as écrit
έχει γράψει	**è**khi **ghra**psi	il/elle a écrit
έχουμε γράψει	**è**khoumè **ghra**psi	nous avons écrit
έχετε γράψει	**è**khètè **ghra**psi	vous avez écrit
έχουν γράψει	**è**khoun **ghra**psi	il:elles ont écrit

Plus-que parfait

είχα γράψει	**i**kha **ghra**psi	j'avais écrit
είχες γράψει	**i**khès **ghra**psi	tu avais écrit
είχε γράψει	**i**khè **ghra**psi	il/elle avait écrit
είχαμε γράψει	**i**khamè **ghra**psi	nous avions écrit
είχατε γράψει	**i**khatè **ghra**psi	vous aviez écrit
είχαν γράψει	**i**khan **ghra**psi	ils/elles avaient écrit

Subjonctif présent

να γράφω	na **ghra**fo	*que j'écrive*
να γράφεις	na **ghra**fis	*que tu écrives*
να γράφει	na **ghra**fi	*qu'il écrive*
να γράφουμε	na **ghra**foumè	*que nous écrivions*
να γράφετε	na **ghra**fètè	*que vous écriviez*
να γράφουν	na **ghra**foun	*qu'ils/elles écrivent*

Subjonctif momentané

να γράψω	na **ghra**pso	*que j'écrive*
να γράψεις	na **ghra**psis	*que tu écrives*
να γράψει	na **ghra**psi	*qu'il/elle écrive*
να γράψουμε	na **ghra**psoumè	*que nous écrivions*
να γράψετε	na **ghra**psètè	*que vous écriviez*
να γράψουν	na **ghra**psoun	*qu'ils/elles écrivent*

Impératif continu

γράφε	**ghra**fè	écris
γράφετε	**ghra**fètè	écrivez

Impératif momentané

γράψε	**ghra**psè	écris
γράψετε	**ghra**psètè	écrivez

Présent   le verbe αγαπώ

αγαπώ	agha**po**	*j'aime*
αγαπάς	agha**pas**	*tu aimes*
αγαπά	agha**pa**	*il/elle aime*
αγαπούμε	agha**poum**è	*nous aimons*
αγαπάτε	agha**pa**tè	*vous aimez*
αγαπούν	agha**poun**	*ils/elles aiment*

Futur continu

θα αγαπώ	tha agha**po**	*j'aimerai*
θα αγαπάς	tha agha**pas**	*tu aimeras*
θα αγαπά	tha agha**pa**	*il/elle aimera*
θα αγαπούμε	tha agha**poum**è	*nous aimerons*
θα αγαπάτε	tha agha**pa**tè	*vous aimerez*
θα αγαπούν	tha agha**poun**	*ils/elles aimeront*

Futur momentané

θα αγαπήσω	tha agha**piso**	*j'écrirai*
θα αγαπήσεις	tha agha**pisis**	*tu écriras*
θα αγαπήσει	tha agha**pisi**	*il/elle écrira*
θα αγαπήσουμε	tha agha**pisoum**è	*nous écrirons*
θα αγαπήσετε	tha agha**pisè**tè	*vous écrirez*
θα αγαπήσουν	tha agha**pisoun**	*ils/elles écriront*

Imparfait

αγαπούσα	agha**pous**a	*j'aimais*
αγαπούσε	agha**pous**ès	*tu aimais*
αγαπούσε	agha**pous**è	*il/elle aimait*
αγαπούσαμε	agha**pous**amè	*nous aimions*
αγαπούσατε	agha**pous**atè	*vous aimiez*
αγαπούσαν	agha**pous**an	*ils/elles aimaient*

Aoriste

αγάπησα	**agha**pisa	*j'ai aimé*
αγάπησες	**agha**pisès	*tu as aimé*
αγάπησε	**agha**pisè	*il/elle a aimé*
αγάπήσαμε	agha**pi**samè	*nous avons aimé*
αγάπησατε	agha**pi**satè	*vous avez aimé*
αγάπησαν	**agha**pisan	*ils/elles ont aimé*

Passé composé

έχω αγαπήσει	**è**kho agha**pi**si	*j'ai aimé*
έχεις αγαπήσει	**è**khis agha**pi**si	*tu as aimé*
έχει αγαπήσει	**è**khi agha**pi**si	*il/elle a aimé*
έχουμε αγαπήσει	**è**khoumè agha**pi**si	*nous avons aimé*
έχετε αγαπήσει	**è**khètè agha**pi**si	*vous avez aimé*
έχουν αγαπήσει	**è**khoun agha**pi**si	*ils/elles ont aimé*

Plus-que parfait

είχα αγαπήσει	**i**kha agha**pi**si	*j'avais aimé*
είχες αγαπήσει	**i**khès agha**pi**si	*tu avais aimé*
είχε αγαπήσει	**i**khè agha**pi**si	*il/elle avait aimé*
είχαμε αγαπήσει	**i**khamè agha**pi**si	*nous avions aimé*
είχατε αγαπήσει	**i**khatè agha**pi**si	*vous aviez aimé*
είχαν αγαπήσει	**i**khan agha**pi**si	*ils/elles avaient aimé*

Subjonctif présent

να αγαπώ	na agha**po**	*que j'aime*
να αγαπάς	na agha**pas**	*que tu aimes*
να αγαπά	na agha**pa**	*qu'il/elle aime*
να αγαπούμε	na agha**pou**mè	*que nous aimons*
να αγαπάτε	na agha**pa**tè	*que vous aimiez*
να αγαπούν	na agha**poun**	*qu'ils/elles aiment*

Verbes réguliers II

Subjonctif momentané

να αγαπήσω	na agha**pi**so	*que j'écrive*
να αγαπήσεις	na agha**pi**sis	*que tu écrives*
νααγαπήσει	na agha**pi**si	*qu'il/elle écrive*
να αγαπήσουμε	na agha**pi**soumè	*que nous écrivions*
να αγαπήσετε	na agha**pi**sètè	*que vous écriviez*
να αγαπήσουν	na agha**pi**soun	*qu'ils/elles écrivent*

Impératif continu

αγάπα	**aghapa**	aime
αγαπάτε	**aghapatè**	aimez

Impératif momentané

αγάπησε	**aghapisè**	aime
αγαπήστε	**aghapistè**	aimez

Présent Le verbe Είμαι

είμαι	imè	*je suis*
είσαι	isè	*tu es*
είναι	inè	*il/elle est*
είμαστε	inè	*nous sommes*
είστε	imastè	*vous êtes*
είναι	inè	*ils/elles sont*

Subjonctif

να είμαι	na imè	*que je sois*
να εισαι	na isè	*que tu sois*
να είναι	na inè	*qu'il/elle soit*
να είμαστε	na imastè	*que nous soyons*
να είστε	na istè	*que vous soyez*
να είναι	na inè	*qu'ils/elles soient*

Futur

θα είμαι	tha inè	*je serai*
θα είσαι	tha isè	*tu seras*
θα είναι	tha inè	*il/elle sera*
θα είμαστε	tha imastè	*nous serons*
θα είστε	tha istè	*vous serez*
θα είναι	tha inè	*ils/elles seront*

Imparfait

ήμουν	imoun	*j'étais*
ήσουν	isoun	*tu étais*
ήταν	itan	*il/elle était*
ήμαστε	imastè	*nous étions*
ήσαστε	isastè	*vous étiez*
ήταν	itan	*ils/elles étaient*

Présent   Le verbe Ἔχω

έχω	èkho	j"ai
έχεις	èkhis	tu as
έχει	èkhi	il/elle a
έχουμε	èkhoumè	nous avons
έχουν	èkhètè	vous avez
έχουν	èkhoun	ils/elles ont

Subjonctif

να έχω	na èkho	que j"ai
να έχεις	na èkhis	que tu aies
να έχει	na èkhi	qu'il/elle ait
να έχουμε	na èkhoumè	que nous ayons
να έχουν	na èkhètè	que vous ayez
να έχουν	na èkhoun	qu'ils/elles aient

Futur

θα έχω	tha èkho	j'aurai
θα έχεις	tha èkhis	tu auras
θα έχει	tha èkhi	il/elle aura
θα έχουμε	tha èkhoumè	nous aurons
θα έχουν	tha èkhètè	vous aurez
θα έχουν	tha èkhoun	ils/elles auront

Imparfait

είχα	ikha	j'avais
είχες	ikhès	tu avais
είχε	ikhè	il/elle avait
είχαμε	ikhamè	nous avions
είχατε	ikhatè	vous aviez
είχαν	ikhan	ils/elles avaient

A

αγγελία (η),	i aghèlia	l'annonce
άγιος,	ayos	saint
αγκίστρι (το),	anghistri	le hameçon
αγόρι το,	to aghori	te garçon
αγώνας (ο),	o aghonas	le match
αδιέξοδος (η),	i adhyèxodhos	l'impasse
άδεια (η),	i adhia	le congé
ο αδερφός,	o adhèrfos	le frère
αδύνατος,	adhinatos	maigre
αεροδρόμιο (το),	to aèrodhromio	l'aéroport
αεροπλάνο (το),	to aèroplano	l'avion
αεροπορικώς,	aèroporikos	par avion
ακούω,	akouo	j'entends
ακτινογραφία (η),	aktinografia	la radio
ακτοπλοικώς,	aktoploikos	en bateau
αλάτι (το),	to alati	le sel
ανάβω,	anavo	j'allume
άνδρας (ο),	o andhras	l'homme/le mari
άνεμος (ο),	o anèmos	le vent
ανεργία (η),	i anèryia	le chômage
άνεργος,	anèrghos	le chomeur
αναψυκτικο (το),	to anapsiktiko	la boisson fraîche
αναχώρηση (η),	i anakhorisi	le départ
ανηψιός (ο),	o anipsios	le neveu
ανοιχτός,	anikhtos	ouvert
απαγορεύεται,	apaghorèvètè	il est interdit
απαντάει,	apandai,	ça répond
αποβάθρα (η),	i apovathra	le quai
απόδειξη (η),	i apodhixi	la facture
αποσκευές (οι),	i aposkèvès	les bagages
αποφεύγω	apofèvgho	j'évite
αριθμός (ο),	o arithmos	le chiffre
αρνι (το),	to arni	l'agneau
αρρώστια (η),	i arostia	la maladie
άρρωστος,	arostos	malade
αστυνομία (η),	i astinomia	la police

B

βάζω,	vazo	je mets
βαμβακερό,	vamvakèro	en coton
βάρκα (η),	i varka	la barque
βαρύς,	varis	lourd
βγάζω,	vghazo	j'enlève
βγαίνω,	vghèno	je sors
βενζινάδικο (το),	to vènzinadhiko	la station-service
βήχω,	vikho	je tousse
βιβλιοθήκη (η),	i vivliothiki	la bibliothèque

Γ

γάμος (ο),	o ghamos	le mariage
γαμπρός (ο),	o ghambros	le beau-frère
γεγονός (το),	to yèyonos	l'événement
γεια σου!	ya sou	salut
γενέθλια (τα),	ta yènèthlia	l'anniversaire
γιαγια (η),	i yaya	la grand-mère
γιορτη (η),	i yorti	la fête
γλυκο (το),	to ghliko	le gâteau
γονείς (οι),	i ghonis	les parents
γραμματέας (ο,η),	o ghramatèas	le secrétaire
γραμμη (η)	i ghrami	la;ligne
γρανίτα (η),	i ghranita	le sorbet
γραφείο (το),	to ghrafio	le bureau
γράφω,	ghrafo	j'écris
γυμνάσιο (το),	to yimnasio	le lycée _le college_
γυναίκα (η),	i yinèka	la femme/l'épouse

Δ

δάσκαλος (ο),	o dhaskalos	l'instituteur
δελτίο (το),	to dhèltio	le bulletin
δερμάτινο,	dhèrmatino	en cuir
δημαρχείο (το),	to dhimarkhio	la mairie
δημοτικο (το)	to dhimotiko	l'école élementaire
διαβάζω,	dhyavazo	je lis
διαγωνισμός (ο),	o dhyaghonizmos	l'examen
διακόπτης (ο),	o dhyakoptis	l'interrupteur
διαμαρτυρία (η),	i dhyamartiria	la protestation
διαμαρτύρομαι,	dhyamartiromè	je proteste
διαμέρισμα (το),	to dhyamèrizma	l'appartement
διασκεδάζω,	dhyaskèdhazo	je me divertis
διασταύρωση (η),	i dhyastavrosi	le carrefour
διαφήμιση (η),	i dhyafimisi	la publicité

δικηγόρος (ο, η),	ο, i dhikighoros	l'avocat(e)
δίπλωμα (το),	to dhiploma	le diplôme
διευθυντής (ο),	o dhyèfthindis	le directeur
διεύθυνση (η),	i dhyèfthinsi	la direction
δίσκος (ο),	o dhiskos	le plateau
διψάω	dhipsao	j'ai soif
δοκιμάζω,	dokimazo	j'essaie, je goûte
δόλωμα (ο),	to dholoma	l'appât
δορυφόρος (ο),	o dhoriforos	le satellite
δουλεια (η),	i dhoulia	le travail
δουλεύω,	dhoulèvo	je travaille
δρομολόγιο (το),	to dhromoloyio	l'horaire (transports)
δρόμος (ο),	o dhromos	la rue
δύσκολος,	dhiskolos	difficile

E

εδώ,	èdho	ici
εκδήλωση (η),	i èkdhilosi	la manifestation
εκεί,	èki	là
έκθεση (η),	i èkthèsi	l'exposition
εκκλησία (η),	i èklisia	l'église
εκπομπη (η),	i èkpombi	l'émission
εκπτώσεις (οι),	i èkptosis	les soldes
ελαιόλαδο (το),	to èlèoladho	l'huile d'olive
ελαφρύς,	èlafris	léger
έλεγχος (ο),	o èlènkhos	le contrôle
ελεύθερος,	èlèfthèros	libre
εγγονός (ο),	o ènghonos	le petit fils
εγχείρηση (η),	i ènkhirisi	l'intervention (chir.)
ειλικρινά,	ilikrina	sincèrement
εισιτήριο (το),	to isitirio	le ticket
είσοδος (η),	i isodhos	l'entrée
εμπρός,	embros	allô
ένεση (η),	i ènèsi	la piqûre
ενημερώνομαι,	ènimèronomè	je m'informe
έξοδος (η),	i èxodhos	la sortie
εξωτερικο (το)	to èxotèriko	l'étranger
επάγγελμα (το),	to èpaghèlma	la profession
επαγγελματίας,	èpaghèlmatias	professionnel
επιβάτης (ο)	o èpivatis	le passager
επίσης,	èpisis	aussi
ερασιτέχνης,	èrasitèkhnis	amateur
εργάτης (ο),	o èrghatis	l'ouvrier

έργο (το),	to **èr**gho	*le film, la pièce*
εστιατόριο (το),	to èstia**to**rio	*le restaurant*
ευθύνη (η),	i èf**th**ini	*la responsabilité*
ευκαιρία (η),	i èf**kè**ria	*l'occasion*
εύκολος,	**èf**kolos	*facile*
ευρύχωρος,	èv**ri**khoros	*spacieux*
ευχαριστώ,	èfkhari**sto**	*merci*
ευχαρίστως!	èfkha**ri**stos	*avec plaisir*
εύχομαι,	**èf**khomè	*je souhaite*
εφημερίδα (η),	i èfimè**ri**dha	*le journal*

Z

ζαλίζομαι,	zali**zo**mè	*j'ai le vertige*
ζεστός,	zè**stos**	*chaud*
ζημιές (οι),	i zi**miès**	*les dégâts*
ζητώ,	zi**to**	*je demande*

H

| ηλικωμένος, | iliko**mè**nos | *âgée* |
| ησυχία (η), | i isi**khi**a | *le calme* |

Θ

θάλαμος (ο),	o **tha**lamos	*la cabine*
θεατής (ο),	o thèa**tis**	*le spectateur*
θέματα (τα),	ta **thè**mata	*les thèmes*
θερμοσίφωνας (ο),	o **thèr**mosi**phonas**	*le chauffeau*
θέση (η),	i **thè**si	*la place, la classe*
θήραμα (το),	to **thi**rama	*le gibier*
θίασος (ο),	o **thi**asos	*la troupe*
θόρυβος (ο),	o **tho**rivos	*le bruit*
θυρίδα (η),	i thi**ri**dha	*le guichet*

I

| ιατρείο (το), | to iat**ri**o | *le cabinet médical* |
| ιστιοφόρο (το), | to istio**fo**ro | *le voilier* |

K

καζανάκι (το),	to kaza**na**ki	*la chasse d'eau*
καθηγητής (ο),	o kathiyi**tis**	*le professeur*
κάθομαι,	**ka**thomè	*je m'asseois*
καφές (ο),	o ka**fès**	*le café*
καλά,	ka**la**	*bien*
καλαμάκι (το),	to kala**ma**ki	*la paille*
καλάμι (το),	to ka**la**mi	*la canne à pêche*
καλεσμένος,	kalè**zmè**nos	*invité*
καλημέρα!	kali**mè**ra	*bonjour*
καληνύχτα!	kali**ni**khta	*bonne nuit*

καλησπέρα!	kalispèra	bonsoir
καλός,	kalos	bon
καλώς ήρθες!	kalos irthès	bien venue
κάνω,	kano	je fais
καταγγελία (η),	kataghèlia	la dénonciation
καταλαβαίνω,	katalavèno	je comprends
κατασκηνώνω,	kataskinono	je campe
κατεβάζω,	katèvazo	je descends
κατεψυγμένο,	katèpsighmèno	congelé
κεφτέδες (οι),	i kèftèdhès	les boulettes
κέντρο (το),	to kèndro	le centre
κερδίζω,	kèrdhizo	je gagne
κινηματογράφος	kinimatoghrafos	le cinéma
κλειδι (το),	to klidhi	la clé
κλειστός,	klistos	fermé
κλέφτης (ο),	o klèftis	le voleur
κλοπή (η),	i klopi	le vol
κοιτάζω,	kitazo	je regarde
κολατσιο (το),	to kolatsio	la collation
κολοκυθάκια (τα),	ta kolokithakia	les courgettes
κοντός, ή, ό,	kondos	court
κορίτσι (το),	to koritsi	la fille
κοστίζω,	kostizo	je coûte
κουζίνα (η),	i kouzina	la cuisine
κουπί (το	to koupi	la rame
κουτάλι (το),	to koutali	la cuillère
κράτησα,	kratisa	j'ai réservé
κρέας (το),	to krèas	la viande
κρύος	krios	froid
κυμάς (ο),	o kimas	la viand hachée
κυνήγι (το),	to kiniyi	la chasse
κωμωδία (η),	i komodhia	la comédie

Λ

λαιμός (ο),	o lèmos	le cou
λάδι (το),	to ladhi	l'huile
λάθος (το),	to lathos	l'erreur
λαχανικά (τα),	ta lakhanika	les légumes
λεμονάδα (η),	i lèmonadha	la citronnade
λέξη (η),	i lèxi	le mot
λεωφόρος (η),	i lèoforos	l'avenue
λεωφορείο (το),	to lèoforio	le bus
λινό	lino	lin

142

λογαριασμός (ο),	o logharya**zmos**	*l'addition*
λουτροκαμπινές	loutrokambi**nès**	*la salle de bains*
λύκειο (το),	to **li**kio	*le collège*

M

μαγαζί (το),	to magha**zi**	*le magasin*
μαχαίρι (το),	to ma**khèr**i	*le couteau*
μακρύς	ma**kris**	*long*
μανίκι (το),	to ma**niki**	*la manche*
μάθημα (το),	to **mathi**ma	*la leçon*
μαθαίνω	ma**thè**no	*j'apprends*
μαθητής (ο),	o ma**thitis**	*l'élève*
μαξιλάρι (το),	to maxi**lari**	*l'oreiller*
με	mè	*avec*
μεταξένιο	mèta**xè**nio	*en soie*
μετεωρολογία (η),	i mètèorolo**yi**a	*la météorologie*
μετρητά	mè**tri**ta	*cash*
μετρητής (ο),	o mè**tritis**	*le compteur*
μικρός	mi**kros**	*petit, jeune*
μήνυμα (το)	to **mi**nima	*le message*
μισθός (ο),	o mis**thos**	*le salaire*
μητέρα (η),	i mi**tè**ra	*la mère*
μονόδρομος (ο),	o mo**no**dhromos	*sens unique*
μοσχάρι (το),	to mos**khari**	*le veau*
μοτοσυκλέτα (η),	i motosi**klè**ta	*la moto*

N

να	na	*que.../voilà...*
νέος	**nè**os	*jeune*
νερό (το)	to **nè**ro	*l'eau*
νεροχύτης (ο),	o **nè**ro**khi**tis	*l'évier*
νύφη (η),	i **ni**fi	*la belle soeur*
νηπιαγωγείο (το),	to nipiagho**yi**o	*la maternelle*
νιπτήρας (ο),	o nip**ti**ras	*le lavabo*
νόμος (ο),	o **no**mos	*la loi*
νοσοκομείο (το),	to nosoko**mi**o	*l'hôpital*
νοσοκόμος (ο, η),	o noso**ko**mos	*l'infirmier*

Ξ

ξέρω	**xè**ro	*je sais*

O

οδηγός (ο, η),	o odhi**ghos**	*le conducteur*
οδοντογιατρός (ο)	o odhondoya**tros**	*le dentiste*
οδός (η),	i o**dhos**	*la rue*
ορεχτικό	orèkhti**ko**	*hors d'oeuvre*

ορχήστρα (η),	i orkhistra	l'orchestre
οροφος (ο),	o orofos	l'étage
οσπρια (τα),	ta ospria	les légumes secs
οθόνη (η),	i othoni	l'"ecran

Π

παγάκια (τα),	ta paghakia	les glaçons
παγωτό (το),	to paghoto	la glace
παθολόγος (ο),	o pathhologhos	le généraliste
παιγνίδι (το),	to pèkhnidhi	le jouet
παιδί (το),	to pèdhi	l'enfant
παίρνω	pèrno	je prends
πανεπιστήμιο (το),	to panèpistimio	l'univerité
πανηγύρι (το),	to paniyiri	la foire
παντρεμένος	pandrèmènos	marié
παχύς	pakhis	gros
παπούς (ο),	o papous	le grand père
παπούτσια (τα),	ta papoutsia	les chaussures
παραγγελία (η),	i paraghèlia	la commande
παραγγέλνω	paranghèlno	commander
παράδοση (η),	i paradhosi	la traditions
παράθυρο (το)	to parathiro	la fenêtre
παρακαλώ	parakalo	je demande
παράσταση (η),	i parastasi	la séance
παρέα (η),	i parèa	la compagnie
παρέλαση (η),	i parèlasi	le défilé
Πάσχα (το),	to paskha	Pâques
πατέρας (ο),	o patèras	le père
πεζοπορία (η),	i pèzoporia	la marche à pied
πεινάω	pinao	j'ai faim
περιοδικό (το),	to pèryodhiko	le magazine
περίπτερο (το),	to pèriptèro	le kiosque
πηγαινέλα	piyènèla	aller-retour
πιατικά (τα),	ta piatika	la vaiselle
πιάτο (το),	to piato	l'assiette
πίνω	pino	je bois
πιπέρι (το),	to pipèri	le poivre
πλατεία (η),	i platia	la place
πλήρες	plirès	complet
πληροφορίες (οι),	i pliroforiès	les renseignements
πληρώνω	plirono	je paie
πλοίο (το),	to plio	le bateau
ποδήλατο (το)	to podhilato	le vélo

ποδόσφαιρο (το)	to po**dho**sfèro	le football
πολυκατοικία (η),	i polikati**ki**a	l'immeuble
πυρετός (ο),	o pirè**tos**	la fièvre
πυροσβέστες (οι)	i piro**zvè**stès	les pompiers
πωλητής (ο),	o poli**tis**	le vendeur
πονάω	po**na**o	j'ai mal
πορτοκαλάδα (η),	i portoka**ladh**a	l'orangeade
πορτοφόλι (το),	to porto**foli**	le porte feuille
ποτήρι (το),	to po**tiri**	le verre
ποτό (το),	to po**to**	la boisson
πουκάμισο (το),	to pou**ka**miso	la chemise
πουλώ	pou**lo**	je vends
προάστειο (το),	to pro**a**stio	la banlieue
προβολή (η),	i provo**li**	la projection
πρόγραμμα (το),	to **pro**ghrama	le programme
προσπαθώ	prospa**tho**	j'essaie
πρόστιμο (το),	to **pro**stimo	la contravention
πρωινό (το)	to proi**no**	le petit déjeuner

Ρ

| ραδιόφωνο (το), | to ra**dhy**ofono | la radio |
| ρεύμα (το), | to **rè**vma | le courant |

Σ

σακάκι (το)	to sa**ka**ki	la veste
σαλοτραπεζαρία	salotrapèza**ri**a	la salle à manger
σάλτσα (η),	i **sal**tsa	la sauce
σβήνω,	**svi**no	j'éteins
σεντόνι (το),	to sèn**do**ni	le drap
σερβίρω,	sèr**vi**ro	je sers
σηκώνω,	si**ko**no	je lève
σιδηροδρομικώς,	sidhirodhromi**kos**	
σκηνή (η),	i ski**ni**	la tente
σκοτεινός,	skoti**nos**	sombre
σκουπιδοτενεκές	skoupidhotènè**kès**	la poubelle
σπασμένος,	spaz**mè**nos	cassé
σπηλιά (η)	i spi**li**a	la grotte
σταθμός (ο)	o sta**thmos**	la gare
στακτοδοχείο (το)	to staktodho**khi**o	le cendrier
στάση (η)	i **sta**si	l'arrêt
στέλεχος (το)	to **stè**lèkhos	le cadre
στενός	stè**nos**	étroit
συγγενείς (οι)	i singhè**nis**	les parents
συγνώμην	si**ghno**min	pardon

145

συγχαρητήρια	sinkharitiria	*félicitations*
συζητώ	sizito	*je discute*
συνάδερφος (ο, η),	o sinadhèrfos	*le collègue*
συνάλλαγμα (το),	to sinalaghma	*le change*
συναχωμένος	sinakhomènos	*enrumé*
συνταγή (η)	i sindayi	*l'ordonnance*
συνοικία (η)	i sinikia	*le quartier*
σχολείο (το)	to skholio	*l'école*

Τ

ταινία (η)	i tènia	*le film*
ταμείο (το)	to tamio	*la caisse*
ταράτσα (η),	i taratsa	*la terrasse*
τάξη (η),	i taxi	*la classe, l'ordre*
ταξίδι (το),	to taxidhi	*le voyage*
τηλεφωνώ	tilèfono	*je téléhone*
τηλεφωνικός	o tilèfonikos	
κατάλογος (ο),	kataloghos	*le bottin*
τηλεόραση (η),	i tilèorasi	*la télévion*
τιμή (η),	i timi	*le prix*
τίποτα	tipota	*rien*
τίτλοι (οι),	i titli	*les titles*
τραγωδία (η),	i traghodhia	*la tragédie*
τραγουδιστής (ο),	o traghoudhistis	*le chanteur*
τραγουδώ	traghoudho	*je chante*
τράπεζα (η),	i trapèza	*la banque*
τραπέζι (το),	to trapèzi	*la table*
τρένο (το),	to trèno	*le train*
τρύγος (ο),	o trighos	*les vendanges*
τρώω	troo	*je mange*
τσιμπάω	tsimbao	*je picore*
τυρόπιττα (η),	i tiropita	*le chausson au fromage*

Υ

υπηρεσία (η)	i ipirèsia	*le service*

Φ

φεύγω	fèvgho	*je pars*

Χ

χάρηκα	kharika	*enchanté*
χαρτιά (τα)	ta khartia	*les paiers*
χειρουργός (ο),	o khirourghos	*le chirurgien*
χοιρινό (το),	to khirino	*la viande de porc*
χορεύω	khorèvo	*je danse*

146

χορός (ο),	o kho**ros**	*la danse*
χρήμα (το),	to **khrí**ma	*l'argent*
Χριστούγεννα (τα)	ta khri**stou**yèna	*Noël*
χρόνια πολλά	**khro**nia po**la**	*bonne année*
χρυσός οδηγός (ο),	o khri**sos** odhi**ghos**	*les pages jaunes*
χυμός (ο),	o khi**mos**	*le jus*
χταπόδι (το),	to khta**po**dhi	*la poulpe*
χτυπάει	khti**pai**	*ça sonne*
χωροφυλακή (η)	i khorofila**ki**	*la gendarmerie*

Ψ

ψάρεμα (το)	to **psa**rèma	*la pêche*
ψάρι (το)	to **psa**ri	*la poisson*
ψαρεύω	psa**rè**vo	*je pêche*
ψάχνω	**psa**khno	*je cherche*
ψέμματα (τα),	ta **psè**mata	*les mensonges*
ψησταριά (η),	i psista**rya**	*la rôtisserie*
ψιλά (τα)	ta psi**la**	*la monnaie*
ψυγείο (το)	to psi**yi**o	*le frigidaire*

Ω

| ώρα (η) | i **o**ra | *l'heure* |

A

à louer	ènikiazètè	ενοικιάζεται
à partir d	apo	από
accident	to atikhima	το ατύχημα
accompagner	sinodhèvo	συνοδεύω
acheter	aghorazo	αγοράζω
addition	o logharyazmos	ο λογαριασμός
adresse	i dhyèfthinsi	η διεύθυνση
aéroport	to aerodhromio	το αεροδρόμιο
agence	to praktorio	το πρακτορείο
agneau	to arni	το αρνί
aider	voitho	βοηθώ
aimer	aghapo	αγαπώ
aller	piyèno	πηγαίνω
aller-retour,	pivènèla	πηγαινέλα
allumer,	anavo	ανάβω
ami(e)	o filos	φίλος
ampoule	o ghlombos	ο γλόμπος
an dernier	pèrsi	πέρσι
anniversaire	ta yènèthlia	τα γενέθλια
annonce	i anghèlia	η αγγελία
appartement	to dyamèrizma	το διαμέρισμα
appeler	tilèphono	τηλεφωνώ
après	mèta	μετά
après midi	to apoyèvma	το απόγευμα
argent	ta khrimata	το χρήμα
armoire	to ndoulapi	το ντουλάπι
arrêt,	i stasi	η στάση
arrêter(s')	stamato	σταματώ
arrivée;	i afixi	η άφιξη
asseoir (s')	kathomè	κάθομαι
assez	arkèta	αρκετά
assiette	to piato	το πιάτο
attendre	pèrimèno	περιμένω
attention!	prosokhi	προσοχή
aubergines	i mèlitzanès	οι μελιτζάνες
aussi	episis	επίσης
autobus,	to lèoforio	το λεωφορείο

avant, prin	prin	πριν
avec	mè	με
avenue	i lèo**foros**	η λεωφόρος
avion,	to aèro**plano**	το αεροπλάνο

B

baigner (se)	koli**mbo**	κολυμπώ
baignoire,	i ba**niè**ra	η μπανιέρα
banlieue	to pro**astio**	το προάστειο
banque	i **tra**pèza	η τράπεζα
bateau	to **plio**	το πλοίο
belle-fille	i **ni**fi	η νύφη
belle-mère	i kou**nia**dha	η
beaucoup	po**li**	πολύ
beau-frère	o kou**nia**dhos	ο γαμπρός
beau-père	pèthè**ros**	πεθερός
billet	to isi**tirio**	το εισιτήριο
billet	to kharto**no**mizma	το χαρτονόμισμα
boire	**pi**no	πίνω
boisson	to po**to**	το ποτό
bon marché	fti**no**	φτηνό
boulangerie,	to arto**polio**	το αρτοπωλείο
boulettes	i kè**ftè**dhès	οι κεφτέδες
bruit	o **tho**rivos	ο θόρυβος

C

ça coûte	ko**sti**zi	κοστίζει
ça donne sur	**dhi**ni	δίνει
ça fait,	**ka**ni	κάνει
ça comprend,	simbèrila**mva**ni	συμπεριλαμβάνει
ça fonctionne	litou**rghi**	λειτουργεί
cadeau	to **dho**ro	το δώρο
caisse	to ta**mio**	το ταμείο
caissier	o ta**mi**as	ο ταμίας
calme (le)	i isi**khi**a	η ησυχία
camion	to forti**gho**	το φορτηγό
campagne	i èxo**khi**	η εξοχή
carrefour	i dhya**sta**vrosi	η διασταύρωση
cash	mètri**ta**	μετρητά
célibataire	è**lè**fthèros	το σταχτοδοχείο
cendrier	to staktodo**khio**	το κέντρο της
centre ville,	to **kè**ndro	πόλης
ce soir	a**po**psè	απόψε
cette année	**fè**tos	φέτος

149

chaise	i kar**è**kla	η καρέκλα
chambre	to dho**mati**o	το δωμάτιο
changer	a**la**zo	αλλάζω
chanter	traghou**dho**	τραγουδώ
chasse d'eau	to kaza**na**ki	το καζανάκι
chaud(e)	z**è**s**tos**	ζεστός
chauffeau	o th**è**rmo**si**phonas	ο θερμοσίφωνας
chemin	o **dhro**mos	ο δρόμος
cher	akri**vos**	ακριβός
chercher,	psa**kh**no	ψάχνω
cinq	p**è**nd**è**	πέντε
clair(e)	foti**nos**	φωτεινός
classe	i **ta**xi	η τάξη
classe	i **thè**si	η θέση
clé	to kli**dhi**	το κλειδί
combien	**po**so	πόσο
commander	para**nghè**lno	παραγγέλνω
commande	i paran**ghè**lia	η παραγγελία
compagnie	i par**è**a	η παρέα
compagnie d'assurance	i as**fa**lia	η ασφάλεια
complet	**pli**r**è**s	πλήρες
conducteur,	o odhi**ghos**	ο οδηγός
conduire	odhi**gho**	οδηγώ
congelé,	kat**è**psi**ghmè**no	κατεψυγμένος
connaitre	ghno**ri**zo	γνωρίζω
contravention	to **pro**stimo	το πρόστιμο
contrôle	o **è**l**è**nkhos	ο έλεγχος
courgettes	ta kolo**ki**tha**ki**a	τα κολοκυθάκια
cousin	o **xa**dh**è**rfos	ο ξάδερφος
cousine	i **xa**dh**è**rfi	η κουζίνα
couteau	to ma**khè**ri	το μαχαίρι
crayon	to mo**li**vi	το μολύβι
croire	pis**tè**vo	πιστεύω
cuillère	to **ko**utali	το κουτάλι
cuisine,	i kou**zi**na	η κουζίνα

D

dame	i **ki**ria	η κυρία
danse	o kho**ros**	ο χορός
dedans	**mè**sa	μέσα
défaut	to **è**l**a**toma	το ελάττωμα
déjeuner	to fayi**to**	το φαγητό

demain	avrio	αύριο
demander,	zito	ζητώ
déménager	mètakomizo	μετακομίζω
départ	i anakhorisi	η αναχώρηση
dépenser	xodhèvo	ξοδεύω
depuis	apo	από
déranger	enokhlo	ενοχλώ
derrière	piso	πίσω
descendre qq.ch	katèvazo	κατεβάζω
descendre	katèvèno	κατεβαίνω
désirer	epithimo	επιθυμώ
dessert	to ghliko	το γλυκό
deux	dhio	δύο
devant	mbrosta	μπροστά
Dieu	o thèos	ο Θεός
dîner	to dhipno	το δείπνο
dire,	lèo	λέω
directement	katèfthian	κατευθείαν
discuter,	sizito	συζητώ
divorcé(e)	khorizmènos	χωρισμένος
dix	dhèka	δέκα
donner	dhino	δίνω
drap	sèndoni	το σεντόνι
drôle	astios	αστείος

E

eau minérale	to mètaliko nèro	το μεταλλικό νερό
école,	to skholio	το σχολείο
écouter	akouo	ακούω
écrire	ghrafo	γράφω
église	i èklisia	η εκκλησία
électricité	to rèvma	το ρεύμα
élevé(e)	ipsilos	υψηλός
elle	afti, èkini	αυτή
emplot	i dhoulia	η δουλειά
en groupe	parèa	παρέα
encore	akomi	ακόμη
enfants	ta pèdhya	τα παιδιά
entrée	i isodhos	η είσοδος
entrer	mbèno	μπαίνω
envoyer	stèlno	στέλνω
épicerie	to mbakaliko	το μπακάλικο
épouse	i sizighos	η σύζυγος

151

erreur	to **la**thos	το λάθος
étage	o **o**rofos	ο όροφο,
éteindre	**zvi**no	σβήνω
étranger	o **xè**nos	ο ξένος
évier	o nèro**khi**tis	ο νεροχύτης
éviter	apo**fè**vgho	αποφεύγω
excursion	i èkdhro**mi**	η εκδρομή

F

facture	i a**po**dhixi	η απόδειξη
faim (avoir)	pi**nao**	πεινάω
faire	**ka**no	κάνω
femme de chambre	i kama**ryè**ra	η καμαριέρα
fenêtre	to pa**ra**thiro	το παράθυρο
fermer	**kli**no	κλείνω
fermé(e)	**kli**stos	κλειστός
fête	i yo**rti**	η γιορτή
feuilles de vigne	ta ndolma**dha**kia	οι ντολμάδες
fille	to ko**ri**tsi	το κορίτσι
foire	to pani**yi**ri	το πανηγύρι
fort	dhina**tos**	δυνατός
four	o **four**nos	ο φούρνος
frais	**frè**skos	φρέσκος
français	**gha**los	ο γάλλος
frigo	to psi**yi**o	το ψυγείο
frère	o adhè**rfos**	ο αδερφός
friture de poissons	tighani**ti** mari**dha**	η τηγανιτή μαρίδα
froid(e)	**kri**os	κρύος
fromage	to **ti**ri	το τυρί
fruits	ta **frou**ta	τα φρούτα

G

garage	to ga**raz**	το γκαράζ
garçon	o **sè**rvitoros	ο σερβιτόρος
gare	o sta**thmos**	ο σταθμός
gazinière	i gazi**niè**ra	η γκαζινιέρα
gendarmerie	i khorofila**ki**	η χωροφυλακή
gêner	eno**khlo**	ενοχλώ
glace	to pagho**to**	το παγωτό
glaçons	ta pa**gha**kia	τα παγάκια
goûter	dhoki**mazo**	δοκιμάζω
grand-mère	i ya**ya**	η γιαγιά
grand père	o pa**pous**	ο παπούς
grève	i apè**ryi**a	η απεργία

grillades	tis **o**ras	της ώρας
guichet	i thi**ri**dha	η θυρίδα

H

habiter	**mè**no	μένω
haricots	ta fa**so**lia	τα φασόλια
heure	i **o**ra	η ώρα
hier	kh**tès**	χτες
horaire	to o**ra**rio	το ωράριο
hors d'oeuvre	to orèkhti**ko**	το ορεχτικό
hôtel	to xènodho**khi**o	το ξενοδοχείο
huile	to **la**dhi	το λάδι
huile d'olive	to è**lèo**ladho	το ελαιόλαδο
huit	o**khto**	οχτώ

I

ici	è**dho**	εδώ
il faut que	**prè**pi na	πρέπει να
il s'agit	**pro**kitè	πρόκειτα
il y a	**è**khi	έχει
immeuble	i polikati**ki**a	η πολυκατοικία
impasse	i **a**dhy**è**xodhos	η αδιέξοδος
interdit de station- ner	apagho**rè**vètè i **sta**thmèfsi	απαγορεύεται η στάθμευση
interrupteur	o dhya**ko**ptis	ο διακόπτης
inviter	ka**lo**	καλώ

J

jeune	**nè**os	ο νέος
journal	i èfimè**ri**dha	η εφημερίδα
jus d'orange	o khi**mos** porto**ka**li	χυμός πορτοκάλι
jus de pomme	o khi**mos** **mi**lou	χυμός μήλου

L

là bas	**è**ki **ka**to	εκεί κάτω
laisser	a**fi**no	αφήνω
lait de brebis	prova**ti**sio **gha**la	προβατίσιο γάλα
lavabo	o nip**ti**ras	ο νιπτήρας
lecture	to **dhya**vazma	το διάβασμα
léger(e)	è**la**f**ris**	ελαφρύς
légumes	ta lakha**ni**ka	λαχανικά
légumes secs	ta **o**spria	όσπρια
lettre	to **ghra**ma	το γράμμα
lever(se)	sik**o**nomè	σηκώνομαι
libre	è**lè**f**thè**ros	ελεύθερος
ligne	i ghra**mi**	η γραμμή

153

livre	to vivlio	το βιβλίο
long(ue)	makris	μακρύς
loue	nikiazo	νοικιάζω
lourd(e)	varis	βαρύς

M

magasin	to maghazi	το μαγαζί
maintenant	tora	τώρα
mairie	to dhimarkhio	το δημαρχείο
maison	to spiti	το σπίτι
manger	troo	τρώω
marché	i aghora	η αγορά
marcher	pèrpato	περπατώ
mari	o sizighos	ο άνδρας, σύζυγος
mariage	o ghamos	ο γάμος
marié(e)	pandrèmènos-i	παντρεμένος
matin	to proi	το πρωί
meilleur	kalitèros	καλλίτερος
mentir	leo psèmata	λέω ψέμματα
menu	to mènou	το μενού
mer	i thalasa	η θάλασσα
mère	i mitèra	η μητέρα
message	to minima	το μήνυμα
midi	to mèsimèri	το μεσημέρι
mien	dhikoz mou	δικός μου
mieux	kalitèra	καλλίτερα
minuit	ta mèsanikhta	μεσάνυχτα
minute	to lèpto	το λεπτό
miracle	to thavma	το θαύμα
moins (heure)	para	πιο λίγο
mon	mou	ο κόσμος
monde	o kozmos	τα ψιλά
monnaie	ta psila	ο κύριος
monsieur	o kirios	ανεβαίνω
monter qq ch.	anèvazo	ανεβάζω
montrer	dhikhno	δείχνω
morceau	to komati	το κομμάτι
moto	i motosiklèta	η μοτοσυκλέτα
moutarde	i moustardha	η μουστάρδα

N

nager	kolimbo	κολυμπώ
natation	to kolimbi	το κολύμπι
ne	dèn	δεν

neuf	èn**è**a	εννέα
neveu	o ani**psios**	ο ανηψιός
nièce	i ani**psia**	η ανηψιά
note (addition)	o loghary**azmos**	ο λογαριασμός
notre	mas	μας
numéro	to **nou**mèro	το νούμερο

O

occasion	i èfk**è**r**ia**	η ευκαιρία
offrir	pros**fè**ro	προσφέρω
olives	oi è**liès**	οι ελιές
ombre	i skia	η σκιά
onze	**è**nd**è**ka	έντεκα
orangeade	i portokal**adha**	η πορτοκαλάδα
oreiller	to maxi**lari**	το μαξιλάρι
origan	i **righani**	η ρίγανη
ouvrir	a**nigho**	ανοίγω
ouvert(e)	ani**khtos**	ανοιχτός

P

paille	to kal**ámi**	το καλάμι
pain	to pso**mi**	το ψωμί
papier	to kha**rti**	το χαρτί
paquet	to pak**è**to	το πακέτο
parents	i gho**nis**	οι γονείς
parents	i singhè**nis**	οι συγγενείς
par erreur	kata **la**thos	κατά λάθος
par mois	to **mi**na	το μήνα
parking	to **parking**	το πάρκινγκ
parler	mi**lo**	μιλάω
partir	**fè**vgho	φεύγω
pas mal de	ark**è**ta	αρκετά
passager	o è**pivatis**	ο επιβάτης
passer	per**nao**	περναω
payer	pli**rono**	πληρώνω
pendant	kata tin **dhya**rkia	κατά την διάρκεια
perdre	**kha**no	χάνω
père	o pat**è**ras	ο πατέρας
permis	i a**dhia**	η άδεια
personne	to **a**tomo	το άτομο
petit-déjeuner	to proi**no**	το πρωινό
petit fils	o ènghonos	ο εγγονός
petite fille	i ènghoni	η εγγονή
peu	**ligho**	λίγο

pharmacie	to farma**ki**o	το φαρμακείο
picorer	tsim**ba**o	τσιμπάω
pire	khiro**tè**ra	χειρότερος
place	i **thè**si	η θέση
plat	to fayi**to**	το φαγητό
plateau	o **dhi**skos	ο δίσκος
plus	pio	πιο
poisson	to **psa**ri	το ψάρι
poivre	to pi**pè**ri	το πιπέρι
police	i astino**mi**a	η αστυνομία
pommes de terre	i pa**tà**tes	οι πατάτες
pompiers	i piroz**vès**tès	οι πυροσβέστες
porc	to khiri**no**	το χοιρινό
porte	i **por**ta	η πόρτα
poste	to takhidhro**mi**o	το ταχυδρομείο
poubelle	o skoupidhotènè**kès**	ο σκουπιδοτενεκές
poulpe	to khta**po**dhi	το χταπόδι
pourboire	to filo**dho**rima	το φιλοδώρημα
préférer	proti**mo**	προτιμώ
prendre	**pèr**no	παίρνω
prévenir	proidhopio****	προειδοποιώ
prix	i ti**mi**	η τιμή
promener(se)	**ka**no **pè**ripato	κάνω περίπατο
proposer	proti**no**	προτείνω
Q		
quai	i apo**va**thra	η αποβάθρα
quand	**po**tè	πότε
quart	**tè**tarto	το τέταρτο
quartier	i sini**ki**a	η συνοικία
quatre	**tè**sèra	τέσσερα
que	na	να
quelque chose	**ka**ti	κάτι
qui	pios	ποιος
quoi	ti	τι
R		
raison (avoir)	**dhi**kio	δίκηο
rapide	**ghri**ghoros	γρήγορος
recommander	sisti**no**	συστήνω
réduction	i **èk**ptosi	η έκπτωση
regarder	ki**ta**zo	κοιτάζω
régime	i **dhiè**ta	η δίαιτα
rencontrer	sina**ndo**	συναντώ

156

rentrer	yirizo	γυρίζω
repas	to fayito	το φαγητό
reporter	anavalo	αναβάλλω
reposer (se)	xèkourazomè	ξεκουράζομαι
réserver	krato	κρατώ
résiné	i rètsina	η ρετσίνα
restaurant	to èstiatorio	το εστιατόριο
rester	mèno	μένω
réveiller (se)	xipno	ξυπνώ
revenir	yirizo	γυρίζω
rideaux	i kourtinès	οι κουρτίνες
rouget	to barbouni	το μπαρμπούνι
rue	o dhromos	ο δρόμος

S

sa	tou-tis	του-της
sac	i tsanda	η τσάντα
salière	i alatièra	η αλατιέρα
salle à manger	i salotrapèzaria	η σαλοτραπεζαρία
salle de bains	o loutrokambinès	ο λουτροκαμπινές
sans	dhikhos	δίχως
sauce	i saltsa	η σάλτσα
savoir	xèro	ξέρω
savoureux	nostimos	νόστιμος
sel	to alati	το αλάτι
sept	èpta	επτά
sens unique	o monodhromos	ο μονόδρομος
serveur	o servitoros	ο σερβιτόρος
servir	serviro	σερβίρω
ses	tou, tis	του-της
seul(e)	monos	μόνος
siège	to kathizma	το κάθισμα
sien	dhikos tou	δικός του
s'il vous plaît	sas parakalo	σας παρακαλώ
six	èxi	έξη
soeur	i adhèrfi	η αδερφή
soif (avoir)	dhipsao	διψάω
soir	to vradhi	το βράδυ
soldes	i èkptosis	οι εκπτώσεις
soleil	o ilios	ο ήλιος
solution	i lisi	η λύση
sombre	skotinos	σκοτεινός
son	tou, tis	του-της

sorbet	i ghra**ni**ta	η γρανίτα
sortie	i **è**xodhos	η έξοδος
sortir	**vyè**no	βγαίνω
sous	**ka**to	κάτω
spacieux (se)	è**vri**khoros	ευρύχωρος
station de taxis	sta**thmos** ta**xi**	σταθμός ταξί
station service	vènzi**na**dhiko	βενζινάδικο
sucre	i **za**khari	η ζάχαρη
supplément	to si**mbli**roma	το συμπλήρωμα
sur	**pa**no	πάνω

T

table	to tra**pè**zi	το τραπέζι
tard	ar**gha**	αργά
tasse	to fli**tza**ni	το φλυτζάνι
te	sou-**sè**	σου-σε
téléphone	to ti**lè**phono	το τηλέφωνο
téléphoner	tilèfo**no**	τηλεφωνώ
temps	o kè**ros**	ο καιρός
terminer	tè**lio**no	τελειώνω
terrasse	i ta**ra**tsa	η ταράτσα
théâtre	to **thè**atro	το θέατρο
tien	dhikoz sou	δικός σου
tire-bouchon	to ani**kh**tiri	το ανοιχτήρι
toilettes	i toua**lè**tès	οι τουαλέτες
ton	sou	σου
tôt	no**ris**	νωρίς
touristes	i tou**ri**stès	οι τουρίστες
trafic	i kiklofo**ria**	η κυκλοφορία
trajet	to dhromo**lo**yio	το δρομολόγιο
train	to **trè**no	το τραίνο
tranche	i **fè**ta	η φέτα
transports	i singhino**niès**	οι συγκοινωνίες
travail	i dhou**lia**	η δουλειά
travailler	dhou**lè**vo	δουλεύω
travaux	ta **è**rgha	τα έργα
très	po**li**	πολύ
trois	**tri**a	τρία
trop	po**li**	πολύ

U

un	**è**nas	ένας
une	**mi**a	μία

V

vaisselle	ta piati**ka**	τα πιατικά
valise	i va**li**tsa	η βαλίτσα
veau	to mo**skha**ri	το μοσχάρι
vélo	to po**dhi**lato	το ποδήλατο
vendeur (se)	o po**li**tis	ο πωλητής
vendre	pou**lo**	πουλώ
venir	**è**rkhomè	έρχομαι
vent	o a**è**ras	ο αέρας
vente	i **po**lisi	η πώληση
verre	to po**ti**ri	το ποτήρι
vers	pros	προς
viande	to **krè**as	το κρέας
vieux, vieille	ilikio**mè**nos-i	ηλικωμένος
voici	na, o**ri**stè	να, ορίστε
voilà	na, o**ri**stè	να, ορίστε
voiture	to afto**ki**nito	το αυτοκίνητο
vouloir	**thè**lo	θέλω
vie	i zo**i**	η ζωή
villa	i **vi**la	η βίλλα
ville	i **po**li	η πόλη
vin	to kra**si**	το κρασί
vingt	**i**kosi	είκοσι
votre	dhi**ko** sas	σας
voyage	to ta**xi**dhi	το ταξίδι

Y

yaourt	ya**ou**rti	το γιαούρτι

Imp. Bussière à Saint-Amand (Cher)
N° d'imp. : 1060. — Dépôt légal : mai 1997.

POCKET - 12, avenue d'Italie - 75627 Paris Cedex 13
Tél. : 01-44-16-05-00

Imprimé en France

Cet ouvrage a été composé par Laurent Fabre